# EU NO ESPELHO

**FELIPE BEZERRA LOPES**

FELIPE BEZERRA LOPES

# EU NO ESPELHO

## Memórias de vida de um total desconhecido

1ª Edição

Taboão da Serra
2021

Esse livro é dedicado à todas as pessoas que passaram pela minha vida e que foram combustíveis para as minhas memórias.

E especialmente dedicado para a minha avó Carmen, aos meus pais Edson e Adélia e ao meu amado esposo Marcos.

## Deuses e Monstros

Na terra dos deuses e dos monstros

Eu era um anjo

Vivendo no jardim do mal

Ferrado, assustado, fazendo o que era necessário

Brilhando como um farol em chamas

Você tem o remédio que eu preciso

Fama, licor, amor, me entregue devagar

Coloque suas mãos na minha cintura, devagar

Deus e eu não nos damos bem, então agora eu canto

Ninguém vai tirar a minha alma

Vivo como Jim Morrison

Rumo à porra de um feriado

Motel, ressaca, ressaca, e eu estou cantando

Isso porra, me dê tudo! Isso é o paraíso, o que eu realmente quero

Perder a inocência

Inocência perdida

Na terra de deuses e monstros

Eu era um anjo, querendo ser fodido com força

Como uma fã desconhecida se passando por uma estrela

A vida imita a arte

Você tem o remédio que eu preciso

Me dope, enfie direto no coração, por favor!

Eu não quero saber o que é bom para mim

Deus está morto, e eu disse "pra mim tanto faz".

Quando você fala parece com um filme e isso me enlouquece

Porque a vida imita a arte

Se eu ficar mais apresentável, eu posso ser seu?

Você me diz que vida não é tão difícil assim.

**Gods & Monsters – Lana Del Rey (2012)**

# Índice

# PREFÁCIO

A ideia de escrever "Eu No Espelho" já é algo que eu venho matutando há muitos anos na minha cabeça. Na verdade, a ideia antes de chegar em "Eu No Espelho", esse escrito já passou por diversas possibilidades de nome e inclusive diversas abordagens de escrita e conteúdo. Por fim, cheguei à conclusão de que "Eu No Espelho" soaria de forma extremamente pessoal e ao mesmo tempo poderia acender uma curiosidade no leitor ao encarar esse título em qualquer lugar que ele o encontre.

Dentre os diversos formatos e ideias que já surgiram para a escrita desse livro, está a questão da perspectiva. Sempre fiquei em dúvida se falaria abertamente de mim, se criaria um personagem fictício para narrar uma história através dele, ou se focaria nos fatores e representantes externos que me levaram a escrever esse livro. Por fim, optei por me colocar no eixo central e entendi que todas as experiências descritas aqui só fariam sentido se fossem narradas e destrinchadas por eu mesmo. Afinal de contas, não existe ninguém nesse mundo que saberá explorar o que está dentro da minha cabeça do que eu mesmo. Dizendo isso, acho importante deixar claro que muitas das coisas que permeiam nossas lembranças, nem sempre estão cobertas por uma perspectiva real do que aconteceu. Sempre, de alguma forma, vamos lembrar de um acontecimento, seja ele bom ou ruim, a partir daquilo que nos marcou e afetou nossas vidas de alguma forma. Por esse motivo, mais ainda, entendi que "Eu No Espelho" cairia como uma luva, pois são minhas memórias, minhas experiências e exclusivamente o meu ponto de vista sobre tudo o que está sendo narrado.

É muito importante ter uma mente aberta quando estamos lendo algo que é pessoal para alguém, pois nunca vamos conseguir entender de fato o que o narrador sentiu com aqueles fatos. É como uma investigação criminal. Mesmo que as cenas de crime e toda a investigação realizada sobre os homicídios ocorridos nos levem a criar uma narrativa para o seu idealizador, nunca vamos conseguir de fato saber o que o levou a cometer aqueles atos e nem mesmo as suas motivações. Os fatores externos influenciam em muito na vida de uma pessoa, mas muito pouco dizem sobre a verdadeira natureza de alguém. Isso é dela e ninguém nunca vai conseguir entender concretamente o que está sendo dito, sentido e replicado.

Outro ponto que me levou a guardar esse projeto por muitos anos, foi o questionamento constante sobre o porquê alguém – algum dia que fosse – se interessaria em ler os meus relatos. Afinal de contas, eu não famoso, não tenho milhões de seguidores nas redes sociais e nem mesmo tenho um círculo de amigos muito amplo. Todos esses pontos foram fundamentais para o engavetamento de minhas ideias. Outra pergunta que também marcou muito esse projeto foi: "Porque colocar tudo isso em um livro e não desabafar para uma única pessoa, como um psicólogo, por exemplo?". A resposta para essa pergunta é que sim, eu já fiz essa tentativa e não gostei. Não me senti à vontade e muito menos me senti acolhido para falar sobre esses temas. Sem contar que o formato de um livro, mesmo que fique limitado a certas pessoas, poderia fazer com os meus pensamentos pudessem ser analisados e explorados não apenas por uma única pessoa, mas talvez por outras que compartilhassem sentimentos e vivências em comum com as minhas.

Então sim, fez sentido para mim, um simples mortal, colocar todas essas palavras, paranoias, pensamentos e vivências em um livro.

# CAPÍTULO 1

Esse é sem dúvida, o capítulo mais difícil de escrever. Afinal de contas, por onde começar? Talvez com uma introdução sobre quem eu sou, o que eu faço e como eu vivo? Não sei, pois fico receoso de que isso possa já criar uma empatia ou até mesmo uma antipatia por parte de quem está lendo. Porque por mais que todos nós somos rotulados de alguma forma, e isso é inevitável, pois sempre iremos pertencer a um determinado grupo ou nicho de pessoas, nunca fui do tipo de pessoa que teve vontade de levantar bandeira e fazer militância para qualquer um desses estereótipos, mesmo que algumas injustiças – palavra que também não gosto muito de utilizar – ainda me incomodem.

Então vamos lá, deixa eu me definir dentro de minhas perspectivas. Sou um homem, negro, homossexual, casado, na casa dos trinta anos – atualmente trinta e dois, nesse dia dezesseis de janeiro do ano de dois mil e vinte e um, conhecido para mim como hoje – tenho ensino superior não concluído em Design de Moda pela Anhembi-Morumbi, sou formado em Gestão de Recursos Humanos pela Cruzeiro do Sul (apesar de nunca ter me interessado em ir buscar o meu diploma) e atualmente estou me formando em Ciência da Computação na University of the People, instituição localizada na Califórnia, Estados Unidos da América. Sim, também sempre me pergunto sobre essa enorme variedade de áreas e os caminhos que elas me levaram até hoje, por isso não se preocupem com esse julgamento, eu mesmo já o fiz antecipadamente.

Antes de tudo, eu gostaria de deixar muito claro que não, eu não me sinto parte de um grupo marginalizado de pessoas e nem mesmo parte de uma minoria – até porque, o conceito de minoria é muito intangível em nossa sociedade, principalmente se tratando do Brasil, onde a grande parte da população é formada por pessoas negras. Então não cabe dizer que somos minorias – talvez dentro de um espaço de falas e oportunidades, mas ainda assim, não eu não me considero uma minoria. Pelo contrário, eu sempre me senti muito privilegiado, e isso vem desde a minha infância. E não, não é uma questão de autoestima, e sim uma questão de pura realidade. Nunca passei fome, nunca tive dificuldades financeiras, nunca faltou nada em casa para comer, nunca fui parado por policiais nas ruas e nunca fui atacado por ser gay. Por isso, me considero privilegiado, porque eu não conseguiria me colocar no lugar das pessoas que passaram e ainda passam por todas essas situações. Então, não, eu não vou me vitimizar por algo que não aconteceu comigo, que não é a minha história. Mas sim, eu posso ter sororidade em ajudar e tentar de alguma forma possível acolher quem passa por essa situação. Mesmo não sendo esse o meu lugar de fala.

Tive sim, muitas oportunidades de falhas na vida e muitos gatilhos que poderiam ter me levado para caminhos obscuros – e é sobre esses momentos que eu vou escrever nos próximos capítulos. Mas eu acho muito importante que eu reconheça todos os privilégios que eu também tive até aqui. Até o segundo ano do Ensino Médio, eu nunca precisei estudar em escola pública, e isso só aconteceu com a morte prematura do meu pai quando eu tinha dezesseis anos. Fui filho único durante muito tempo e pude desfrutar de uma vida muito confortável durante o meu crescimento: em casa eu tinha um quarto enorme, só meu e com um banheiro privativo – coisa que muitos dos meus colegas de escola, mesmo os brancos, não tinham. Eu uma coleção infinita de Lego, o que para os adultos que viveram nos anos 90, sabe que era um brinquedo muito caro para dar aos filhos com muita regularidade, mas eu tinha. Eu tinha um Autorama, um Ferrorama, uma réplica do McDonald's e do Castelo Rá-Tim-Bum quase maiores do que eu. Eu tinha festas de aniversários com tudo o que uma criança tinha direito – lembro até hoje de uma festa de três ou quatro anos que tive, onde o tema era do Xou da Xuxa. Todos os convidados com chapéu de paquitas vermelhos e azuis, um bolo enorme estampado com o desenho da Xuxa – no estilo da revista em quadrinhos que ela tinha pela Editora Abril na época, da qual eu tinha a coleção completa. Ainda lembro que nesse aniversário tínhamos um Microsystem que tocava três CDs ao mesmo tempo – onde escutamos a maior parte do dia músicas do É o Tchan e que ganhei de presente dois CDs com a trilha sonora de Pocahontas da Disney (uma versão em português e outra em inglês), o mais recente disco da Xuxa e a fita de vídeo do Rei Leão. Ou seja, eu não tive uma vida difícil que possa ser relacionada com a minha cor de pele. Eu tinha privilégio. Morava em uma casa que ocupava metade do quarteirão, tínhamos dois carros na garagem – um Fusca vermelho e uma Caravan verde, mais tarde teríamos um Mercedes e uma Blazer.

Fui uma criança que estudou em escolas onde se aprendia inglês (língua muito presente em minha vida até hoje), espanhol, balé, canto, natação, xadrez (apesar de nunca ter aprendido) e todos os tipos de esportes.

Resumindo, eu cresci sabendo que o que eu tinha era do bom e do melhor e que por isso, eu teria oportunidade de ser uma grande pessoa na vida.

Hoje, eu não ganho rios de dinheiro e assim como qualquer brasileiro, sofro para manter uma qualidade de vida decente e pagar as minhas contas em dia. Mas isso, porque os tempos mudaram, a vida mudou, o governo e a situação econômica do país então, nem se fala.

Mas o mais importante de tudo, que é razão pela qual eu estou escrevendo esse livro é que – eu mudei também.

Mas repito, mais uma vez, nada do que eu estou escrevendo aqui é para ser lido em tom de vitimização. Pelo contrário, são apenas desabafos e narrativas sobre coisas que me levaram a chegar aonde eu estou hoje e que tiveram impacto significativo em quem eu sou hoje.

Por isso, eu fiquei muito receoso em me rotular, como fiz no começo desse capítulo, porque assim como eu estou escrevendo essas linhas agora, tenho certeza de que existem milhões de pessoas no mundo, com histórias de vida totalmente diferentes, brancas, pretas, pardas, amarelas, vermelhas e seja o que for, que poderiam escrever exatamente as mesmas palavras que estou colocando aqui. Então essas são minhas experiências e não minhas mazelas.

# CAPÍTULO 2

Eu nasci Felipe Chaga Lopes – somente após o casamento que me tornei Felipe Bezerra Lopes. Chaga vem por parte de mãe – apesar de todos os outros membros serem Chagas – e Lopes vem da família do meu pai. E é por eles que eu gostaria de começar essa história. Por mais que eu não queira focar em fatores externos, acredito que isso seja muito importante para a minha trajetória, pois os nossos pais são sem dúvida uma das partes mais importantes de quem somos como indivíduos. Eu que sou muito fã de histórias sobre crimes hediondos e assassinos em série, sempre fico muito pensativo quando vejo os pais dos acusados dizerem que nunca esperava isso do filho deles; ou que "ele sempre foi uma criança muito tranquila". Nunca acredito nesse tipo de conversa, pois os pais são os nossos formadores – e por pais, eu coloco aqui qualquer um que esteja diretamente ligado a história de crescimento e desenvolvimento de uma criança.

Todas as informações que eu vou colocar aqui sobre os anos de relacionamento dos meus pais são baseados em memórias, histórias e muito pouco do que pode de fato ter acontecido, porque esse é sem dúvida, um dos capítulos mais obscuros de toda a minha vida. De forma sincera, eu não tenho muita recordação de em algum momento na vida eu já ter visto o meu pai e minha mãe morando juntos. Na verdade, eu nem sei se isso chegou a acontecer um dia.

O que eu sei é que eles se conheceram através do grupo musical que tinha em uma igreja presbiteriana na região do Jaraguá – zona oeste da capital de São Paulo. Eu nasci em um hospital da Lapa e cresci em Pirituba, então todo o meu círculo familiar está muito ligado a região Oeste de São Paulo. Por fotos que eu já tive um dia e hoje não sei onde foram parar, me lembro de uma casa simples, que se não me engano fazia parte do quintal da casa da minha avó – que mais tarde foi comprada, derrubada e transformada em uma franquia da Zacharias Pneus na Avenida Mutinga. A tal igreja presbiteriana que eles se conheceram ficava próximo de onde alguns anos foi construído um dos primeiros supermercados Big de São Paulo – não essa nova marca do Walmart no Brasil, estou falando do BIG original mesmo, lá dos anos 90, que mais tarde viria a se tornar um Carrefour.

Minha mãe tocava violão e o meu pai parece que tocava trompete no grupo de canto da igreja. Na época em que começaram a namorar, minha mãe tinha uns dezesseis ou dezessete anos e o meu pai era um ou dois anos mais velho. Minha mãe morava em Perus, com os meus avós maternos, na casa onde ela mora até hoje, que ficou para ela depois dos meus avós maternos irem morar em uma cidade do interior da Bahia.

O meu pai morava com a minha avó paterna. Não tenho recordações do avô paterno. Acredito que ele já tivesse falecido na época em que eu nasci ou até antes do casamento dos meus pais. Voltando aos dois, sei que eles namoraram pouco, e que tinham um círculo de amigos grande e comum. Eram crianças e por isso, ainda agiam como tal. Meu pai estava na época do exército e se alistou na época. A lenda diz que ele entrou para o serviço militar e serviu por alguns anos – já ouvi até alguns parentes que era comum ele me levar algumas vezes para visitar o quartel e que eu já tenha até andado de helicóptero das forças armadas, mas não lembro desse momento. Acredito que se fosse verdade, muito provavelmente eu lembraria, assim como me recordo da primeira vez em que andei de avião com ele. A carreira militar dele não foi muito longe e logo ele precisou buscar outras ocupações.

Lembro de quando criança, ter visto uma ou duas vezes o álbum de casamento dos meus pais – ainda não sei se minha mãe tem algum registro, mas lembro que eles tiveram a sorte de se casarem em um castelo – na época era chamado de Castelinho – que ficava próximo à Avenida Mutinga um pouco a frente de uma pista que as pessoas utilizavam para eventos de motocross e mountain bike. O Castelinho de Pirituba, como é conhecido atualmente, era de fato a construção de um castelo e pertencia a uma senhora – amiga da minha avó – que dividia a vida entre Santos e São Paulo e após alguns anos mudou-se para a Europa. Inclusive, é graças a essa amiga que a minha avó tinha um pouco de conhecimento em francês e italiano, língua em que ela adorava soltar alguns palavrões, principalmente quando eu aprontava alguma coisa. "Caspita!" era a expressão favorita dela, mas ainda assim lembro que tínhamos muitos livros de literatura inglesa, francesa e italiana na estante da sala da minha avó. Também graças a essa amiga dela é que lembro que minha avó tinha um guarda-roupa invejável. Cheio de vestidos longos e casaquinhos da Chanel, Yves Saint Laurent e uma ou duas peças da Dior. Lembro também de uns casacos de peles extremamente pesados que ela tinha e sempre tirava para tirar o pó – certamente, nunca teve der utilizado. Pelo menos, não me lembro de nenhuma recordação dela indo viajar para a Europa ou algo do gênero – mesmo que o meu pai dissesse que sim.

Voltando ao casamento, a cerimônia no Castelinho foi um presente dessa amiga da minha avó para os meus pais. A história que sei pelas minhas tias é que minha mãe já estava grávida de mim nessa época. Após o casamento, algumas coisas começaram a mudar, tanto na vida do meu pai quanto da minha mãe. Primeiro, eles estavam casados e a vida sempre muda nessas circunstâncias. Segundo um filho estava a caminho, o que significava o fim de uma vida boêmia e as responsabilidades de ser um adulto e cuidar de uma outra vida. Por isso, logo após o casamento e a venda da casa na Avenida Mutinga, a minha avó deu de presente uma casa para os meus pais no Jaraguá, casa onde um dos meus irmãos ainda mora. E comprou outra casa para ela e minha tia – irmã do meu pai – no Jardim Cidade Pirituba. O meu pai gostava muito de andar de moto, mas dada as novas circunstâncias, ele precisou vender a moto. Minha mãe ingressou em uma faculdade para estudar Letras, sendo essa a sua formação, ou pelo menos a que eu me recordo, considerando que ela virou professora de Língua Portuguesa e exerce essa função até hoje, em Perus.

O histórico do meu pai é muito confuso. E a partir dessas partes em que eu não consigo mais me recordar de nenhum momento em que os meus pais estiveram juntos novamente. Pela história que eu sei, eles se divorciaram quando eu tinha pouco mais de um ano. Nem mesmo lembro da minha mãe ter participado da festa de aniversário da Xuxa que eu mencionei anteriormente.

Meu pai nunca foi muito de falar da vida dele, não sei se ele chegou a concluir o ensino médio e nem se em algum momento da vida chegou a cursar alguma graduação. Tudo o que me recordo são as inúmeras profissões que ele teve ao longo dos anos. Mas com certeza, foram suficientes para ele manter um padrão de vida que condizia com as lembranças que compartilhei com vocês nos capítulos anteriores. Lembro dele se apresentando como advogado para algumas pessoas, lembro dele como dono de restaurante – o Recanto do Nigeriano, que ele de fato comandou durante alguns anos na orla da praia de Jacareípe no munícipio de Serra no Espírito Santo – depois conto como fomos parar lá. E lembro de inúmeras vezes em que nos Dia das Mães, por exemplo, ele ia vender flores nas ruas, ou quando vendíamos bebidas em caixas de isopor em entradas de estádios e shows em parques, como em um show do Jota Quest na inauguração do antigo portal IG – ainda tinha uma logo vermelha e um cachorro branco como mascote – no parque Vila Lobos. Ou seja, nunca de verdade, eu soube a profissão do meu pai, mas sem me lembro que ele era esforçado e estava sempre conseguindo uma forma de ganhar dinheiro.

Outra parte da profissão dele que eu lembro também, foi quando ele começou a trabalhar em um escritório muito pequeno que vai gestão de benefícios e revendia vales de alimentação e refeição, que na época ainda eram entregues aos funcionários em papel em uma caderneta que lembrava muito um talão de cheques. Essa empresa pequena era na época o que viria a se tornar a VR Benefícios, uma das empresas brasileiras mais antigas na gestão de benefícios. Mas nessa época ainda era um escritório muito pequeno localizado em algum lugar próxima a Freguesia do Ó.

O que eu me recordo muito é de como a nossa vida mudou muito e de uma forma rápida. De repente já não podíamos fazer algumas coisas que gostávamos e nem frequentar os mesmos lugares de antes. Na época eu não entendia nada o que estava acontecendo e na verdade nem senti tanto assim essas mudanças. Somente depois de algum tempo que consegui relacionar essa mudança de vida com a época que o Brasil estava vivendo – era a Era do Collor e com ele estava chegando o Plano Real – que impactou e mudou drasticamente a vida de milhares de brasileiros.

A essa altura, eu também já não tinha muitas lembranças da minha mãe e não consigo lembrar dela fazendo parte de alguns momentos da minha vida. Mesmo quando tinha as festas de Dia das Mães na escola, quem sempre estava lá era o meu pai e os presentes que fazíamos nesse dia eram sempre entregues para a minha avó.

Acho que demorou um tempo, mas depois, como qualquer criança faria, eu comecei a questionar a ausência da minha mãe. Comecei a entrar em um estado de rebeldia onde não queria mais estar com o meu pai e só pedia pela minha mãe. Isso também coincidiu com o fato de um novo irmão entrando na minha vida e do meu pai se relacionando com outra mulher que não era minha mãe. Como eu sempre fui filho único, eu lembro que não foi muito fácil a minha convivência com o meu novo irmão que estava chegando e nem como o filho da minha madrasta na época. Eu tinha e sempre tive muito ciúmes do meu pai e mesmo sem ter muitas lembranças com a minha mãe, eu não queria que ela fosse substituída por ninguém.

Foi nesse momento em que eu comecei a perceber que os mais pais não estavam mais juntos e um divórcio havia acontecido em nossa família. A versão que eu tenho para o divórcio ter acontecido nunca foi clara, mas essa é a história que sempre foi repetida para mim e que na época condizia com tudo o que estava vendo. Aparentemente, durante o fim do casamento, e depois do meu nascimento, a minha mãe ainda não estava pronta para enfrentar as realidades de uma vida de casada e de mãe. Ela queria ser livre, ela queria e precisava viver a juventude dela, que foi tirada tão cedo. Ela ainda era uma menina e deveria viver como tal. Nesse meio tempo, ela passou por uma redescoberta sexual e começou a ter relacionamento com outras mulheres. Foi nessa mesma época em que ela conheceu a companheira que está com ela até hoje – trinta e três anos. Boatos dizem que elas já eram amantes de longo tempo e que na verdade ela era o terceiro membro do relacionamento da minha mãe e do meu pai. A história é que eles tinham um relacionamento a três, onde a companheira da minha mãe era sempre presente.

Inclusive, acho que foi a partir dessa história que começaram a surgir os diversos rumores sobre o meu nascimento. Nunca soube na época, claro, eu era uma criança, mas depois que o meu pai faleceu, uma prima minha por parte de mãe que nunca fui com a cara e nunca fiz questão de conhecer, me disse que eu fui fruto de uma orgia e que acabei nascendo por acidente. E que no final, nem meu pai e nem a minha mãe estavam em um relacionamento sério, pelo contrário, eles estavam participando de mais um dos diversos encontros sexuais deles, quando deram o azar da minha mãe engravidar e por isso, um casamento foi arranjado às pressas, pois o avô por parte de mãe jamais aceitaria a condição de uma filha tão jovem e solteira virar mãe.

Nunca confirmei essa história com ninguém da família, mas alguns pontos podem ser extremamente esclarecedores para a ausência da minha mãe em minha vida – se ela não queria um filho, que chegou de forma inesperada, é muito provável que nunca aceitou a condição de ter um também, por isso, ela nunca fez questão de fazer parte da minha vida. Nem mesmo quando o meu pai faleceu e eu menor de idade precisaria ficar com ela, a primeira coisa que ela fez foi conceder a minha guarda para uma de minhas tias e nunca mais nos vimos. Nem quando eu a convidei para vir ao meu casamento. Isso também explica o fato de que a esposa dela nunca tenha gostado de mim e me aceitado como parte da família dela e o porquê de eu ter sido tratado com tanta indiferença por ela na infância, nas poucas vezes em que lembro que após dias em me ver chorando a minha avó consegui fazê-la vir me buscar para passar um ou dois dias na casa da minha mãe – uma casa onde eu nunca tive um espaço. Disso eu me lembro muito bem. Eu não podia tocar e nem consumir em nada da casa, como se eu pudesse contaminar alguma coisa. Também nunca pude dormir em uma das camas que tinha na casa, o meu canto era em colchonete no chão da sala. E isso não acontecia somente quando eu era criança. A mesma situação se repetiu anos depois antes dela entregar a minha guarda, onde eu nem podia ficar em casa como um adolescente qualquer.

Eu me lembro muito bem que eu tinha que acordar às cinco da manhã e tinha que ficar até umas sete horas da noite na rua – andando por aí, sem dinheiro e nem comida, até dar o horário de ir para a escola, meu último ano do ensino médio. Eu nunca podia ficar dentro de casa assistindo televisão, ouvindo música ou fazendo qualquer outra atividade que um adolescente normalmente faria.

Aliás, qualquer coisa relacionada a convivência com a minha mãe sempre foi algum muito perturbador e deslocado em minha vida. Nunca consegui entender as escolhas dela e até hoje não entendo tudo o que possa ter acontecido, mas ao mesmo tempo, eu nunca a culpei por isso. Pelo contrário, chorei muitas vezes por não entender a rejeição dela, mas sempre me conformei de que ela tinha os seus motivos e que provavelmente, vou morrer sem saber a verdadeira história por trás de tudo o que aconteceu.

Mas uma coisa que eu me lembro é que eu estava com ela quando o Senna morreu. E que eu amava ficar penteando os cabelos dela, que para mim era o cabelo mais lindo do mundo. Ainda hoje, eu sempre acho as mulheres de cabelos compridos as mais bonitas que existem, justamente por conta dessa lembrança. Outro momento que eu lembro também, foi que ela foi a primeira pessoa a fazer couve-flor empanada para eu comer. Lembro de ter dito que eu não gostava e dela perguntando se eu já tinha comido – respondi que não. Então ela disse, "como você sabe que não gosta?". E ela fez a couve-flor empanada e eu achei a comida mais gostosa do mundo. Até hoje, eu nunca encontrei alguém que fizesse couve-flor do jeito que ela fez aquele dia. Eu também lembro dela fazendo cocada na pia da cozinha. Lembro dela jogando o preparo em cima da pia de mármore e a cocada endurecendo. Foi o doce mais gostoso que eu já comi na vida.

Depois de muitos anos, não sei quais foram as circunstâncias, eu lembro que ela e a esposa dela foram visitar eu e meu pai no Espírito Santo – ela ficou alguns dias por lá – e foi como se fossemos uma família novamente. E ela fez essa mesma cocada para mim, porque eu pedi muito e ela disse como que eu lembrava disso.

Também lembro do meu pai dizendo, com muita frequência, que não importa com quantas mulheres se encontrasse na vida, nenhuma delas nunca seria a minha mãe de verdade, porque a minha mãe era única no mundo. E lembro dele dizendo que mesmo com todas essas mulheres na vida dele, a minha sempre foi a primeira e única que ele amou de verdade.

E essa frase ele repetiu no quarto de UTI horas antes de falecer e de me prometer que eu nunca me afastaria dos meus irmãos.

# CAPÍTULO 3

Acredito que nunca as diversas formas de violência existentes na humanidade estiveram tão em evidência quanto agora. Talvez seja sim um reflexo da sociedade atual, dos diversos movimentos de luta que eclodem em diversas partes do mundo para defender diversas causas ou seja pelos avanços da internet e a forma como ela permitiu o registro e divulgação de informações de forma muito mais acelerada que antigamente. Mas o agora que eu estou me referindo nesse parágrafo refere-se ao momento em que o mundo está vivendo – não sei em que momento você está fazendo essa leitura e se for a muitos anos à frente desse tenebroso fim de dois mil e vinte e início de dois mil e vinte e um, as coisas já estejam melhores – estamos no meio de uma pandemia que tem criado um nível de sensibilidade maior nas pessoas. Toda essa comoção por conta do coronavírus e a necessidade isolamento social levou as pessoas a procurarem novos meios de receberem e transmitirem informações, por isso, os meios digitais ficaram muito mais em evidência. Por essa razão, esse compartilhamento de informações trouxe diversos alertas que passavam despercebidos no nosso dia a dia, como por exemplo as injustiças de classe no mundo inteiro, violência policial, feminicídio, corrupção política, entre outros. Tudo isso, veio da luz da pandemia aonde voltamos nossos olhos para outras coisas.

Mas nada disso é novidade e nem foi descoberto nesse ano. Muito pelo contrário, a violência humana está enraizada na humanidade desde o princípio dos tempos e – infelizmente – ainda vai permanecer por mais alguns.

Uma concepção que eu sempre tive na vida, e acredito que eu já tenha dito isso diversas vezes para muitas pessoas do meu convívio social, é que eu sempre enxerguei no meu pai uma grande figura paterna, mas nunca a imagem de um homem. Mais exatamente, a frase que eu sempre digo é "ele foi um grande exemplo de pai, mas um péssimo exemplo de homem". Digo isso até hoje para os meus irmãos, principalmente os mais novos, que não tiveram a oportunidade de conviver tanto tempo com ele.

Durante muito tempo, na verdade, a minha vida inteira praticamente, eu sempre vivi com o meu pai, exceto por um ou dois anos em que eu morei com a minha avó. Mas tirando esse tempo, eu sempre vivi com ele. E viver com ele sempre foi uma aventura. O estilo de vida que tínhamos, ou melhor, que passamos a ter depois de toda história que contei do divórcio e da recessão financeira, foi de nômades. Hoje eu até brinco que eu já morei em todos os bairros possíveis de São Paulo e por isso conheço muito dessa grande cidade.

Mas também já morei em outro estado, que é a história de como eu fui parar no Espírito Santo. Mas essa fica mais para o final do capítulo.

Como eu disse, eu não sei quais foram as reais circunstâncias da separação do meu pai e da minha mãe, mas uma coisa eu tenho plena certeza. Isso desencadeou algum sentimento muito triste e pesado dentro do meu pai. Na verdade, é como se tivesse passado a ser dois homens preso em um único corpo.

Eu me lembro muito que ele sempre foi muito brincalhão, extremamente sorridente, carinhoso e protetor. Eu me recordo claramente que de todas as vezes em que eu aprontei quando criança, eu nunca apanhei do meu pai. Tinha sim uma repreensão ou outra, mas não era frequente e nunca era de forma desenfreada. O olhar dele já era a maior repreensão que um filho poderia ter. Eu lembro que se despedir dele nunca estava completo sem um selinho. Era um jeito carinhoso e afetuoso que ele tinha com todos os filhos, e eu nunca senti vergonha disso, nem quando ele fazia isso na porta da escola, por exemplo. Era um ele entre pai e filho. Era sagrado e respeitoso.

Também me recordo de que eram raros os dias em que eu não ouvisse dele um "Filho, o pai te ama muito!". Mesmo no dia em que encontrou uma coleção de revistas gays escondidas no meu quarto, arrumou a minha mala dizendo que eu deveria ir morar com a minha mãe porque eu era igual a ela, e que na casa dele eu não ficava mais – mesmo nesse dia, ele ainda foi capaz de dizer "filho, o pai te ama muito!". Claro que já tínhamos brigado muitas vezes, afinal eu já estava na minha adolescência e nós sempre tivemos um gênio muito parecido – somos orgulhosos e raramente admitimos nossas falhas, mesmo que isso tenha consequências. Mas o amor entre nós era muito mais forte do que qualquer coisa que poderia acontecer.

Só que conforme eu fui crescendo e tendo mais ciência das coisas, eu fui percebendo que nem sempre o homem que estava na minha frente era o pai carinhoso que eu estava acostumado. As feições não eram as mesmas, o jeito de falar não era o mesmo e as atitudes menos ainda.

Acredito que foi com mais ou menos uns sete anos em que tive o primeiro encontro com esse outro homem que habitava dentro do meu pai. Ele ficava maior, mais forte, mas distante e muito violento. Ele se tornava um homem extremamente possessivo, ciumento e perdia todos os sensos de limite. Me lembro das inúmeras vezes em que por conta desse gênio dele, quase correremos o risco de perder a vida em alguma estrada, pois ele acelerava o carro na maior velocidade possível e começava a fazer zigue-zague na pista até invadir a mão contrária – acredito que foi por isso que eu nunca tive vontade de aprender a dirigir e até hoje prefiro utilizar o transporte público a andar de carro.

Esse foi apenas um dos indícios de que o homem que estava lá naquele momento, não era mais o meu pai. Outros momentos, foi quando eu percebi que ele reagia com ciúmes e sempre estava pronto a se meter em brigas por achar que alguém estava mexendo ou dando em cima da namorada dele. Isso era muito frequente e por diversas vezes, lembro de termos que sair de algum lugar por conta desse temperamento dele.

O próximo sinal foi quando as agressões físicas contra as mulheres que ele saia eram cada vez mais evidentes. Muitas das vezes, eu sempre estava junto, pois como era o único filho que morava com ele, sempre estava acompanhando-o em todos os lugares, mesmo quando eu não queria ir. Não era uma opção, pois não tinha com quem me deixar, exceto nas vezes em que eu ia para a casa da minha avó. Com o tempo fui percebendo que essas cenas de violência sempre tinham o mesmo padrão; começavam com uma atividade de lazer qualquer, algumas cervejas e outras bebidas alcoólicas, cenas de sexo explícito – explícito pois aconteciam na minha presença, sem qualquer remorso –, um gatilho de ciúmes, discussão e a acabava com a violência física em si.

Eu consigo lembrar de todas as vezes que eu chorava ou tinha que fingir estar dormindo quando isso acontecia. Sempre tinha medo de isso pudesse se virar contra mim. Vi uma, duas, três, quatro vezes até o dia em que perdi a conta e aquilo se tornou parte do meu dia a dia. As namoradas sempre mudavam, mas as cenas de violência eram sempre as mesmas, ou seja, ele era o problema.

Quando eu comecei a entender que a bebida era uma porta de entrada, eu ficava sempre tentando de alguma forma acabar com isso. Às vezes, sem ele perceber eu pegava as latas de cerveja e jogava fora, derramava no chão, na areia, tudo para encontrar uma forma dele parar de beber. Não funcionava. Então comecei a sempre questionar ele se, de fato, ele precisava continuar bebendo, se apenas uma não estava bom. Dizia que eu não gostava dele quando ele bebia aquilo, pois ele mudava e me dava medo. A única resposta que eu tinha era um olhar de repreensão ou às vezes um sorriso que dizia: "filho, o pai sabe o que está fazendo". Queria muito que ele soubesse, mas não era verdade.

A vez mais grave que teve foi quando ele começou a brigar com uma de minhas madrastas – digo isso, pois foram várias – jogou ela no chão e começou a socá-la e chutá-la com muita força. Ele não percebeu que ela ao cair bateu o queixo na quina da tampa de fossa que tinha no corredor de casa, o que abriu um buraco debaixo do queixo dela e que muito sangue começou a sair. O buraco foi tão grande que ela nem conseguia mais gritar por ajuda e a essa altura os vizinhos já nem se intrometiam mais – já tinha virado uma coisa normal.

Eu fiquei com tanto medo de tudo o que estava acontecendo que não pensei em nenhuma outra opção, a não ser ligar para a polícia. Me tranquei no quarto e comecei a gritar para o meu pai que eu estava ligando para a polícia, na tentativa de ele parar. A polícia não me atendeu, então liguei para o serviço médico. E a violência continuava do mesmo jeito, nada parecia fazer ele parar. Acho que a ficha dele só caiu quando a ambulância chegou e levaram ela para tomar ponto e ter atendimento médico.

Não sei como funcionava a questão de denúncia naquela época, mas acredito que não era como hoje, pois no dia seguinte parecia que nada tinha acontecido. Até disse para ela que esse era o momento de ela pegar as coisas dela e ir embora para o mais longe possível do meu pai, porque ele iria fazer isso de novo. A única resposta que tive foi "ele não faz isso por maldade. Ele me ama e é sem querer". Eu confesso que nunca entendi esse discurso, mas como eu disse anteriormente, eu não sei o que é estar nessa situação, apenas fui espectador, por isso eu não tenho como entender o que é viver essa situação. Fiquei com as mãos atadas para fazer qualquer coisa. Toda essa situação aconteceu por diversas e diversas vezes, com muitas e muitas mulheres, até o dia em que ele veio a falecer.

Eu sempre tive muito medo de crescer e ser violento dessa forma também. Sempre fiquei muito pensativo se toda essa situação não poderia de alguma forma refletir em quem eu era. Depois de muitos anos, quando comecei a viver um momento conturbado na minha vida, e balada e cerveja eram as coisas que chamavam atenção, comecei a sentir essa raiva e esse desejo de violência dentro de mim. Não queria isso, pois enxergava as consequências que tudo isso poderia levar. Eu nunca fui ciumento, mas já vivi situações em que a mistura da bebida alcoólica e o princípio de uma briga, me deixaram sem capacidade de raciocínio e que a única coisa que eu queria era entrar em uma briga, talvez como uma forma de acabar de vez com tudo aquilo dentro de mim.

Não sei se era isso o que o meu pai passava, mas é um sentimento muito forte e que se não estiver sob controle toma conta e o desastre está feito. Com o passar dos anos eu parei de sentir esse sentimento de raiva e as coisas ficaram muito mais tranquilas dentro de mim. Nunca mais senti essa vontade e percebi que eu tinha encontrado uma forma de controle ou até mesmo eliminado esse sentimento ruim. Talvez, tenha sido o reflexo de tudo o que tinha passado até o momento e por ainda estar na adolescência, não tinha a capacidade de discernir o que tinha acontecido durante todo esse tempo e o que estava acontecendo comigo também.

# CAPÍTULO 4

Entender o que é um relacionamento abusivo é uma parte complicada da ciência humana, mas pior ainda é perceber quando você está fazendo parte de um, seja como o abusado ou como abusador. Eu posso dizer que eu já estive nos dois lados e que toda a experiência foi muito ruim, deixou muitas mágoas e trouxeram marcas físicas e emocionais que carrego até hoje. Como eu disse antes, a violência contra alguém sempre foi algo que me assustou. Todo o histórico que eu vivenciei quando criança pode não parecer de primeira, mas foi extremamente traumatizante. Eu digo isso, pois são muito os filhos que presencial esse tipo de relacionamento entre seus pais e companheiros, mas são pouco que entendem o que de fato estava acontecendo na época. Ou porque eram muito pequenos para fazer essa assimilação, ou por optarem por apagar essas lembranças propositalmente ou porque a figura abusiva sempre encontrava alguma forma de recompensa, o que de alguma forma, na cabeça de uma criança, aliviava tudo o que ela tinha presenciado.

Eu consigo me lembrar de tudo, pois sempre fui uma pessoa que evita ao máximo qualquer tipo de confronto. Eu odeio brigas e sempre fui aquele tipo de pessoa que se tiver que apanhar vai apanhar, e muito, pois não revido e não me defendo. E eu já passei por relacionamentos onde eu sentia a raiva crescendo dentro de mim, mas eu não conseguia colocar isso para fora, não machucando o outro. Por isso, o máximo que eu conseguia fazer era falar algumas palavras bem pesadas e depois descontar toda a raiva restante em mim mesmo.

Como abusador, eu já tive um episódio em que eu estava em um relacionamento de idas e vindas com um rapaz – isso por si só já a premissa de um relacionamento abusivo – por ciúmes, traição e medo. Ele sentia um ciúme muito grande de mim e por sentir que eu sempre estava pronto para traí-lo com alguém, ele ia lá traia primeiro. Era a forma que ele tinha de que se eu estivesse traindo-o, ele não sairia por baixo. Nunca cheguei a traí-lo, pois essa não é a minha natureza, mas era assim que esse relacionamento funcionava. Até que chegou um dia em que ele disse para mim que iria embora, precisava voltar para a casa da mãe dele, que não estava dando mais e que ainda estava com muita saudade do ex dele, e que não estava conseguindo aprender a me amar. Depois que eu ouvi tudo isso, a única coisa que eu pude sentir foi um enorme vazio por dentro e um sentimento indescritível crescendo dentro de mim. Não consigo colocar em palavras o que eu senti naquele momento, foi simplesmente horrível. A ação do meu corpo foi muito mais rápida do que qualquer raciocínio que eu pudesse ter. Levantei da cama, onde estávamos sentados conversando, e minha mão foi diretamente no pescoço dele, onde eu lembro de erguê-lo e forma muito forte encostá-lo contra a parede. Naquela hora, eu só sabia que eu queria machucá-lo. Mostrar para ele tudo o que as palavras que ele acabou de me dizer estavam ecoando dentro de mim. Ele não era maior do que eu, mas era muito mais forte. Foi quando ele disse, "se você quiser brigar, nós vamos brigar". Foi nesse momento que eu lembrei, que eu não sei brigar e nem me defender. Soltei ele e me encolhi na cama, foi horrível. Me senti sujo, medíocre, insolente, senti que eu era o meu pai. Não consigo me lembrar se eu chorei, e nem se depois disso ele foi embora ou se ficou, mas isso era abusivo. E se não terminasse naquele dia o que poderia acontecer entre a gente? Acabou. Não lembro se aquele dia, ou algum tempo depois, mas acabou.

Uma outra situação que eu vivi foi em um encontro que começou através desses aplicativos de namoro muito populares entre o público gay, como Grindr ou Scruff. Nos encontramos pela primeira vez e a química pareceu muito forte e para mim fazia muito sentido esses encontros continuarem, não apenas para uma noite. E foram acontecendo vários e vários outros encontros. Só que um determinado dia, quando eu já estava no nível em que eu dormia na casa dele com muita frequência, eu acordei de madrugada e percebi que ele estava conversando com alguém através do mesmo aplicativo em que nos conhecemos. Eu sempre fui muito Disney com relacionamentos – quando o príncipe encantado aparecia, ninguém mais fazia sentido para mim. Então se eu te conhecesse em qualquer aplicativo e sentisse que era você a pessoa que eu estava procurando, eu sem pensar duas vezes excluía tudo e me dedicaria somente para você. Só que ele não pensava assim e nunca conversamos sobre os termos do nosso relacionamento.

No final, eu me vi dentro de um relacionamento aberto, onde tudo o que não conseguíamos preencher entre nós mesmos, era feito com outras pessoas. Não avisávamos sobre nossas saídas e mentíamos constantemente sobre onde estávamos e com quem estávamos. Até que teve um dia, por sorte ou azar do destino, nos encontramos exatamente no mesmo clube de sexo, lugar onde era muito fácil ter diversos parceiros em uma única noite, sem qualquer complicação. E lá ficamos. Chegamos a transar um com outro sem nem mesmo saber. Foi quando as luzes se acenderam que fomos perceber, foi muito estranho e constrangedor. Ficamos nos olhando e mesmo assim não falamos nenhuma palavra. Depois de alguns minutos, começamos a agir como um casal de namorados até que começamos a competir para ver com quais e quantos homens do local cada um ficou.

Podia não parecer, mas isso era extremamente abusivo, sem contar que perigoso para ambos, por diversos motivos. Continuamos assim por mais algum tempo, que somados acredito que deram algo em torno de dois anos, dois anos e meio. Ficamos sempre indo e voltando compensando nossas necessidades com outras pessoas, sem se preocupar no mal que estávamos fazendo um para o outro.

O ápice desse relacionamento foi quando decidimos passar o Carnaval no Rio de Janeiro em um apartamento que ele tinha comprado por lá. No começo foi tudo muito incrível e na minha cabeça era como se aquele momento fosse ser um divisor de águas, onde tudo o que tinha acontecido de ruim fosse ficar para trás e uma nova perspectiva de relacionamento fosse começar.

O dia correu tudo muito bem, passeamos por diversos lugares incríveis do Rio, que eu ainda não conhecia até então, fomos para algumas baladas, dançamos, demos risada, enfim nos divertimos muito. Chegou à noite em que iríamos assistir ao desfile das escolas campeãs na Marquês de Sapucaí. Fomos para o Sambódromo, encontramos com um amigo dele que queria ir junto e depois encontramos o namorado desse amigo para irmos todos juntos. Achei legal, seria um programa de casais. Infelizmente, o namorado dele não podia ir, pois tinha que trabalhar no dia seguinte. Fomos os três então.

Eu já conhecia esse amigo dele daqui de São Paulo, quando ele nos apresentou. Já tínhamos jantados todos juntos umas cinco ou seis vezes. Então ele já era da convivência, estava sempre alternando entro Rio e São Paulo, por isso, tinha esse hábito de sempre ficar na casa de amigos. Ele era salva-vidas, se não me engano. Enfim, compramos algumas bebidas – o meu namorado não bebia nenhum tipo de bebida alcoólica, então ele sempre acabava sendo o nosso guarda-costas - e fomos fazendo um esquenta no meio do caminho. No Sambódromo o desfile começou, assistimos tranquilamente as escolas passarem. Mas fui percebendo algo muito estranho em momento. Uma mão que sempre parava de alguma forma nas minhas costas ou me agarrava pela cintura. Não era o meu namorado. Recuei e me levantei um pouco. Quando voltei a sentar, a mão começou novamente, mas dessa vez, ela já estava passando pela minha barriga e em determinado momento entrou dentro da minha cueca. Pode parecer estranho, já que nós três éramos homens, mas eu fiquei sem reação. Me senti constrangido. Só consegui começar a sussurrar para o meu namorado esperando que ele visse o que estava acontecendo. Ele viu e a reação dele foi dar um sorriso. Mas o sorriso dele tinha um ar de aprovação em tudo o que estava acontecendo, como se esse já fosse o planejado. Me senti sujo naquele momento. Levantei e me sentei do outro lado, tentando disfarçar para não criar nenhum tipo de cena desagradável.

Terminamos de assistir ao desfile e fomos para uma espécie de concentração de rua que acontece sempre no final dos desfiles. Fomos comer alguma coisa. Escolhemos o queríamos e o meu namorado e o amigo dele foram comprar as coisas. Nesse momento, chegou um rapaz e começou a flertar comigo. Ele ficou insistentemente perguntando se podia me beijar e ele já tinha me notado quando eu cheguei. Expliquei para ele que não, pois eu estava com o meu namorado. Ele disse que não tinha problema, afinal de contas era Carnaval e é para isso que isso serve. Ele continuou insistindo e eu disse que não, até que o meu namorado chegou.

A primeira coisa que ele fez foi perguntar quem era aquele cara e por que que eu estava conversando com ele. Expliquei a situação e a resposta que eu recebi dele foi: "Se você quer tanto agir como uma puta é só me avisar que eu vou embora e te deixo aqui para você foder com quem você quiser, mas não precisa fazer pelas costas".

Eu fiquei sem chão. Claro que já tínhamos um histórico de relacionamentos extraconjugais, mas isso foi tão estranho que não consegui entender de onde veio aquilo. Foi quando eu retruquei "que estranho você falar isso, porque o seu melhor amigo estava com a mão dentro da minha cueca e você nem se importou, agora quando um estranho flerta comigo e eu não aceito, você fala isso?". A resposta dele, mais uma vez me surpreendeu, "o meu amigo pode, pois eu conheço ele e ele já é da família. Não tem nada de mais". Minha noite acabou naquele momento.

Não podia ir embora, pois eu não sabia como chegar no apartamento dele, era a minha quinta vez no Rio, mas a minha primeira naquela região. Não me lembrava nem do bairro em que o apartamento dele ficava. A minha saída foi começar a beber para tentar apagar tudo aquilo que tinha acontecido. Lembro de que ele foi ficando cada vez mais carinhoso com o passar da noite. Até a hora em que pegamos um táxi e fomos embora. O amigo dele ficou. Depois desse táxi todo o resto são apenas flashes que não consigo me lembrar com muita clareza, só lembro que no dia seguinte, o meu namorado me disse que essa noite nós tínhamos feito o melhor sexo da vida dele. Eu não me lembro de nada, só consegui confirmar que algo realmente aconteceu por conta das marcas no meu corpo e das manchas no lençol.

Depois que voltamos para São Paulo, nunca mais tocamos nesse assunto. Nem mesmo quando o amigo dele estava entre a gente. Esse nosso relacionamento durou mais alguns meses e terminou da mesma forma como começou: rápida e sem palavras. Simplesmente fomos deixando de nos encontrarmos, paramos de conversar diariamente, até que toda a comunicação acabou. Não nos vimos mais e não sabemos da vida de um do outro. Foi como se tudo fosse apagado e nunca tivesse existido.

# CAPÍTULO 5

Eu me lembro que relacionamentos, no geral, sempre foi uma coisa muito complicada para mim. Tenho uma dificuldade muito grande em confiar nas pessoas. Estou sempre pronto para acreditar que elas irão me decepcionar em algum momento, por isso, aprendi a não criar expectativas com ninguém e me desapegar ou me afastar de alguém se torna algo fácil e natural. Não me traz tristeza e nem remorso. Apenas encaro como um processo natural que já estava anunciado para acontecer. Tenho o exemplo de diversas pessoas que já passaram pela minha vida, foram extremamente marcantes, mas que hoje não estão mais presentes. Se tornaram completo estranhos para mim, e não consigo me sentir mal com isso.

Independentemente do que tenha acontecido, ou seja, se a pessoa fez algo que na época eu tenha enxergado como algo ruim e que me machucou ou não, não faz diferença. Ela é naturalmente apagada da minha vida. Não é algo que eu consiga controlar, é instintivo. Já tive pessoas que depois de muitos anos apareceram no Facebook ou no WhatsApp pedindo perdão pelo que elas fizeram e da forma como agiram comigo e a minha única resposta é: "desculpa, mas não consigo me lembrar do que você está falando". E não é por maldade ou por misericórdia de ser alguém que não guarda rancor, é porque de fato, eu não consigo me lembrar do que aconteceu. É como se para mim não tivesse nenhum tipo de importância. Parece desprezo, mas não é. É só natural.

Eu tenho essa característica em não guardar momentos por muito tempo na minha memória. É como eu sempre estive pronto para viver novas situações, pois as que passaram já não mais válidas. Claro que consigo me lembrar de muitas coisas que já passei na vida, se não fosse isso, não teria a necessidade nenhuma de escrever esse livro, pois não teria história alguma para compartilhar.

Mas o que acontece é que muitas pessoas acreditam que algum momento que eu tenha vivido com elas tenham sido extremamente marcantes para mim, e que eu vou me lembrar disso para o resto da vida, mas na verdade eu não vou.

Minha primeira recordação sobre esse sentimento foi quando eu fui levado para o psicólogo pela primeira vez. Eu deveria ter algo em torno de uns nove ou dez anos. Eu cheguei em casa mais cedo da escola, pois não tivemos a última aula. Nessa época em morava na zona leste de São Paulo, no bairro da Sapopemba – essa foi apenas mais uma das inúmeras mudanças de casa que tivemos por conta dos relacionamentos do meu pai.

Nessa época, o meu pai trabalhava em casa, ele sempre foi muito inteligente e procurava alguma forma de ganhar dinheiro, então nessa época ele aprendeu a mexer no computador que tínhamos em casa, um IBM com Windows 95 – lembro que na escola eu era chamado de rico, pois eu tinha um IBM Aptiva em casa, um dos computadores residenciais mais modernos para a época. Nessa época, esse computador vinha com um software chamado Lotus, muito famoso na época e que permitia a criação de diversas etiquetas e cartões de visita. E era dessa forma que o meu pai ganhava dinheiro. Ele fazia cartões de visita, etiquetas para CDs, disquetes, pastas e afins. Ele tirava um bom dinheiro com isso.

Voltando um pouco, como eu sabia que o meu pai sempre estava em casa, até porque a Caravan estava na garagem, eu sempre chegava e chamava por ele. Era muito comum ele estar na cozinha preparando o almoço, pois quando eu voltava da escola era o horário que almoçávamos juntos. Só que nesse dia, não foi isso o que aconteceu. Cheguei em casa, a porta da sala estava aberta, mas nada do meu pai. Deixei minhas coisas no quarto, que nessa época eu dividia com um meio-irmão (essa vai ser uma outra história) e me sentei na sala para assistir desenho. Mas continuei intrigado pela ausência do meu pai. Fui em direção ao quarto dele e vi que a porta estava fechada. Chamei por ele e ele não respondeu. Então resolvi abrir a porta. Quando eu abri, encontrei o meu pai e a minha madrasta na época transando. Não me choquei, pelo contrário, só disse: "Oi pai, é só para avisar que já cheguei da escola. Vou ficar assistindo desenho, está bom?". Fechei a porta e fui assistir os meus desenhos no Cartoon Network – sim, já tínhamos TV a cabo em casa e em todas as televisões da casa.

Eu não fiquei nem um pouco abalado com o que eu vi, pois eu já sabia o que era que eles estavam fazendo, mas o meu pai e a minha madrasta não viram dessa forma. Não fui repreendido por nada, mas depois tive que começar a ir em algumas consultas com uma psicóloga infantil. Lembro que eu ia umas duas vezes por semana e que até gostava, pois eu podia ficar desenhando o tempo todo. Mas lembro que ela também perguntava se sabia o que tinha visto e do que se tratava. Eu disse a ela que sim, que o meu pai estava fazendo bebês.

O sexo nunca foi um tabu para mim, eu entendo e admiro todas as formas de sexo e as diversas fantasias sexuais que existem por aí. Também nunca tive problema com nudez, pelo contrário, acharia até que fosse muito mais bonito se todos pudéssemos andar pelados em todos os lugares sem esse monte de pano em cima da gente. E eu sempre fui muito letrado e curioso. Nunca fui do tipo que esperava as pessoas me ensinarem sobre as coisas. Tudo o que eu queria aprender eu ia atrás de informação, estudava e procurava outras fontes. Então, eu já tinha uma concepção muito definida do que era sexo, de onde vinham os bebês e o que dois adultos faziam dentro do quarto.

Por esse motivo, eu nunca fui muito capaz de entender todo o alvoroço que alguns pais têm ao precisarem explicar o sexo para os filhos. É como eles nunca fossem precisar fazer na vida, sendo que é algo inerente a natureza humana. Sem o sexo não existimos, ponto.

Lembro que não continuei indo a psicóloga por muito tempo, mas lembro de que ela fez o meu pai comprar alguns livros explicando sobre o coito, espermas, vaginas, gozo, sexo oral, funcionamento dos órgãos genitais e tudo o mais. Bom, mau não fez, pelo contrário, acredito que foi tudo isso que fez ter muito mais naturalidade com o meu corpo e o sexo do que antes.

Afinal de contas nem como o sexo era feito e nem a prática dele em si, já não eram novidades para mim, mesmo que naquele momento eu ainda tivesse apenas os meus nove anos.

# CAPÍTULO 6

Sim, eu consigo imaginar o choque a minha declaração final no capítulo anterior pode ter causado. Mas sim, é um fato, com oito ou nove anos, eu já tinha tidos práticas sexuais e por mais que hoje pareça um absurdo na época parecia muito natural para mim. Eu não enxergava aquilo como um abuso, pelo contrário. Eu sentia como um carinho. Era um carinho que eu recebia e gostava, essa era minha concepção na época, mesmo que o carinho estivesse vindo de pessoas muito mais velhas do que eu.

Mesmo olhando sob a ótica de hoje, eu sinto dificuldades em classificar o que acontecia como um abuso de menor, porque eu não me incomodava. Eu não me sentia mal depois que tudo acabava. Eu sei que é muito estranho esse tipo de declaração, mas pense que na minha cabeça na época, pelo menos, eu não estava apanhando. O que para mim sim, seria um trauma gigantesco.

Eu acredito que sempre fui muito precoce em minhas experiências sexuais. Antes dos oitos anos eu já tinha beijado outros meninos de língua, e já tinha feito e recebido sexo oral diversas vezes. Isso tudo com crianças que tinham a minha idade. Então era mais como uma brincadeira, do que sexo em si.

Só que a minha experiência sexual mais marcante foi justamente nesse mesmo período em que fui para a psicóloga sexual quando criança. Como eu disse antes, nessa época morávamos na Avenida Sapopemba, na zona lesta de São Paulo. Nessa casa morávamos eu, meu pai, minha madrasta na época – que algum tempo depois ficaria gravida da minha irmã – e o filho dela que deveria ter uns dezesseis ou dezessete anos na época.

Pode parecer que não, mas nós crianças dos anos 90 já éramos muito sexualizadas desde cedo, afinal de contas, nós fomos a geração que cresceu segurando o tchan, descendo na boquinha da garrafa, sabendo depois de nove meses você tem o resultado, e fazendo a dança do maxixe – um homem no meio com duas mulheres fazendo um sanduíche. Já sabíamos o significado de todos os duplos sentidos cantados nessas músicas, mesmo que os adultos achassem que não. E já sabíamos de toda anatomia masculina e feminina assistindo as novelas da extinta TV Manchete, como Xica da Silva - vale lembrar que na versão da Manchete, mesmo passando depois das onze da noite não tinha nenhum tipo de censura, como teve nas vezes que foi reprisada pelo SBT. Então nunca fomos tão inocentes, como se é possível pensar.

Eu acredito que uma coisa que eu nunca tive dúvida foi de minha opção sexual – já me envolvi sim com meninas, mas foram em ocasiões bem específicas, uma delas inclusive, apenas para impressionar o meu pai e os meninos da escola e outra somente por diversão mesmo. Mas minha atração sempre foi pelos meninos, aliás meninos não, porque os da minha idade nunca me chamaram a atenção, eu sempre gostei dos mais velhos mesmo. E aos nove anos não seria diferente – comecei a sentir atração pelo filho da minha madrasta.

Na época ele estava começando a ter suas aventuras sexuais e cada vez sedento por algum tipo de prazer. Lembro que o meu pai comprava para ele todos os meses a revista Playboy e que a favorita dele era da Isabel Fillardis, que na época em que pousou para a revista fazia parte do elenco da novela o Fim do Mundo – a minha preferida até hoje. E como eu dividia o quarto com ele, por diversas vezes, eu o via folheando a revista e se masturbando. Foi nesse momento em que eu comecei a prestar mais atenção nele.

E como éramos tratados como irmãos, mesmo com a diferença de idade, era muito comum tomarmos banho juntos e até mesmo dormimos na mesma cama, de vez em quando. Então a minha proximidade com a intimidade dele era algo muito inevitável. Sem contar a ciência de que eu tinha de que ele não era meu irmão, ele o filho da namorada do meu pai. Não nos tratávamos como irmãozinhos.

Nessa época, eu tinha o hábito de ficar muitas horas em casa, principalmente no final de semana, ensaiando e dançando as músicas de axé da época. E um dia, eu lembro que ele virou para mim e disse: "você parece uma menina dançando desse jeito". E eu respondi: "e isso é ruim?" e parei. Ele respondeu: "Não, de jeito nenhum é bonito. Você dança de um jeito gostoso, continua". E continuei, dançar sempre foi algo que gostei na vida. A música e a dança me fazem super bem.

Depois desse episódio, teve algumas vezes em que enquanto eu dançava em casa, ele ficava sempre olhando e a vezes eu percebia que ele ficava sem graça e abaixando a camiseta como se estivesse escondendo alguma coisa. Teve uma vez em que estávamos tomando banho juntos e percebi que o pênis dele estava ficando maior e perguntei por que ele estava assim. Ele tentou disfarçar, mas antes que ele pudesse fazer alguma coisa, eu já tinha agarrado com a minha mão para ver o que estava acontecendo.

Depois disso, as nossas trocas de "carinhos" foram se tornando mais frequentes, passei a dormir quase todas as noites com ele e ele sempre me deixava ou pedia para masturbá-lo até dormirmos juntos. Como éramos vistos como irmãos, não sei se essa situação chegou a levantar alguma discussão em casa, se sim, eu nunca fiquei sabendo.

Com o passar do tempo, ele foi querendo testar novas possibilidades. Vou então, que eu tive o meu primeiro sexo com penetração, lembro que foi bem difícil e dolorido. Lembro dele usando óleo de cozinha a até manteiga nessa vez, até ele conseguir. Tudo o que eu tinha que fazer era ficar parado de quatro no sofá, com a Playboy nas minhas costas, enquanto ele fazia toda a penetração. Esse episódio aconteceu em um final de semana, onde ficamos sozinhos em casa. Era muito comum o meu pai e minha madrasta saírem para irem a casa de amigos e nós ficarmos em casa.

Na primeira vez, eu lembro que depois que ele terminou tudo, eu senti uma vontade muito grande de ir ao banheiro e tive alguns sangramentos. Mostrei para ele, mas ele disse que estava tudo bem e que era normal, eu acreditei nele. E de fato, nas outras vezes já não sangrava mais, apenas ficava dolorido por um tempo.

Teve uma outra vez em que eu também estava em casa dançando na sala, e eu lembro que a sala era muito espaçosa e tinha uma janela enorme que dava para a rua. Na casa da frente tínhamos uma vizinha que tinha uns três filhos, e eles eram amigos do meu meio-irmão. Um dia dançando, não percebi, e quando parei todos eles estavam do lado de fora, sentados no muro da casa deles e me olhando dançar. Parei na hora, fechei a janela e desliguei o som. Um deles veio no portão e disse: "não precisa parar, o seu irmão já disse pra gente o que vocês fazem e nós também queríamos fazer".

Eu lembro que depois desse dia, eu nunca mais fiquei dançando na sala e sempre tinha muita vergonha ao sair na rua e encontrar com algum deles. Mas eu me lembro que me senti assim não porque eu tinha percebido que toda essa situação era errada, mas porque na minha cabeça, eu não poderia deixar que nada estragasse a relação que eu tinha com o meu meio-irmão.

Na minha cabeça, eu sentia como seu estivesse em um relacionamento com ele. Acredito que essa era a melhor concepção, mesmo que não faça nenhum tipo de sentido agora. Mas era assim que eu me sentia. Pois eu lembro que com o tempo eu comecei a ficar com ciúmes quando ele saia para algum lugar por exemplo, ou quando contava que estava saindo com alguma menina da escola. Eu também lembro que tinha um extinto muito forte em sempre o defender quando o meu pai ou mãe dele brigavam com ele ou o colocavam de castigo.

Realmente, eu tinha criado um relacionamento dentro da minha cabeça e parecia muito bom para mim.

Tudo isso acabou depois de algum tempo, já que as brigas constantes dentro de casa fizeram com que ele fosse morar um tempo com o pai dele. O fim também coincidiu com a chegada da minha irmã e com uma das minhas fases mais arredias na vida – comecei a ter diversos desentendimentos como a minha madrasta. E como era desse se esperar, a criança sempre estava errada. Não que, de fato, eu não estivesse, eu sempre tive um gênio muito forte e nem sempre fui/sou uma pessoa fácil de lidar. Então, o meu pai optou que eu fosse morar um tempo com a minha avó. Esse distanciamento iria durar alguns anos. O tempo suficiente para o meu pai encontrar uma nova namorada, nos mudarmos novamente e depois chegar a fase da recaída – que era quando o meu pai acabava voltando a ter encontros com as parceiras antigas dele. Em outro contexto, elas seriam chamadas de amantes, mas para ele era reconciliação mesmo.

Nesses encontros, como eu sempre estava junto, o reencontro com o meu meio-irmão foi inevitável e a retomada de tudo o que acontecia também. E assim foi, até o ciclo entre o meu pai e minha madrasta da época se repetir. A minha irmã já devia ter algo em torno de uns quatro anos, lembro porque foi quando ela teve o primeiro momento de estrela dela – participou de um ensaio para a revista Raça Brasil ao lado da Valéria Valença – mais conhecida como Globeleza. Foi motivo de comemoração em casa.

Foi nesse mesmo período, em que meu pai carregava minha irmã para tudo quanto era ensaio fotográfico, que eu tive a oportunidade de participar do concurso do Mini É o Tchan no Programa do Raul Gil. Participei da primeira fase, mas como fiquei muito tímido para dançar na frente dos outros, tudo acabou por aí mesmo. Mais tarde, eles viraram o Grupo Molekada.

# CAPÍTULO 7

Eu continuei morando com a minha avó por um bom tempo. Na verdade, alguns anos, até dezembro de 1999, quando ela veio a falecer. Morar com vó Carmem – ou Carminha como muitos a chamavam - foi uma época extremamente marcante para mim. Eu simplesmente amava tudo nela e na casa dela. Posso dizer sem pensar duas vezes que esses foram os melhores anos da minha infância. Dançávamos, brincávamos e dávamos muitas risadas. Ela me ajudava com o dever de casa e me colocava para dormir. Acredito que o mais marcante era a sensação de que era novamente o centro das atenções. Morando com a minha avó, eu não precisava disputar a atenção com mais ninguém. Meus irmãos eram apenas visitas. Eu não. Eu tinha o meu próprio quarto, com os meus brinquedos, com o meu universo. Era tudo muito mágico para mim. Me lembro até de que eu não fazia questão nenhuma em ir passar o final de semana com o meu pai quando ele chamava. Sempre dizia que eu gostava mais de ficar com a minha avó.

Diferente do meu pai, a minha avó não me levava para rodas de samba, festas estranhas na casa dos outros onde eu ficava longe de casa até tarde da noite. Pelo contrário, nós íamos ao shopping, cinema, andávamos pelo Centro de São Paulo, fazíamos compra no Mappin, eu ia com frequência ao Parque da Mônica, Parque do Gugu e Cidade da Criança – eu adorava a casa que tinha tudo de cabeça para baixo – e as viagens que fazíamos com frequência também. Era muito comum irmos para Minas Gerais ou até para alguma praia ou cidade no interior de São Paulo. Lembro que para ir para Santos existia na época um ônibus de dois andares e que o pagamento era feito com passe (bilhete de papel).

Tudo era muito mágico quando eu estava com a minha avó. Ela sempre foi a imagem feminina mais forte em minha vida. Era negra, mas morava em uma área nobre de Pirituba, onde éramos a única família negra. Se vestia muito bem e com roupas lindas, vivia viajando e andava muito de táxi – um luxo que não era barato em São Paulo já naquela época. O McDonald's da Barão de Itapetininga, mesma rua no Centro onde ficava o Mappin – em frente ao Teatro Municipal, era parada obrigatória. Sempre nos sentávamos no segundo piso perto das janelas, pois adorávamos ver as pessoas passeando lá em embaixo. Lembro de ter voltado lá algumas vezes depois com o meu pai, mas nessa época, a minha avó já não estava presente e esses momentos não eram mais como antes.

Viver com a minha avó era divertido, pois sempre tínhamos algo para fazer. Lembro que uma vez, logo depois de sair da escola, fomos para o cinema assistir uma reapresentação do filme da Pequena

Seria – era muito comum, pelo menos em São Paulo, que os cinemas reprisassem filmes que já tinham saído de cartaz a muito tempo em dias da semana. Era uma forma de atrair público que talvez quisesse assistir a película em uma tela maior. Bom, nesse dia, não tinha ninguém no cinema, era apenas eu, ela e minha tia – que era como se fosse minha irmã mais velha, irmã do meu pai, e tão criança quanto eu. Ficamos o filme inteiro sentando em todas as cadeiras que eram possíveis no cinema. Sem contar que podíamos cantar e dançar todas as músicas do filme sem ninguém ficar gritando por silêncio. Esse cinema ficava na Avenida Brigadeiro Luiz Antônio, perto de onde ficava o Teatro Abril, hoje conhecido como Teatro Renault. Na época assistir cinema não era coisa muito comum de se fazer em shopping, pois São Paulo ainda tinha muitas salas nas ruas e que eram muito mais baratas.

Lembro também que a minha avó adorava quando eu dançava, principalmente axé. Ela dizia que eu tinha herdado essa vontade do meu avô – que era muito envolvido com Carnaval e sempre estava perdido em uma quadra de escola de samba. Ela dizia que ainda bem que ele não era vivo, se não, eu só ficaria indo para os ensaios da Tom Maior e da Rosas de Ouro, que ficam muito próximas uma das outras no Piqueri. Mas que ele teria muito orgulho em me ver dançando. Seria a realização de um sonho dele.

Outro assunto marcante que envolve a minha avó, era a paixão que eu tinha pela Xuxa. Era ela que vinha me consolar quando eu começava a chorar porque a Xuxa entrava na nave e ia embora. Ela então colocava um dos discos da Xuxa para rodar – o meu maior tesouro na época – e começava a dançar comigo. Ela era a minha Xuxa. Lembro de uma vez em que ela disse que tinha sonhado que a Xuxa tinha ido me visitar em casa, mas que eu não quis atender a porta, porque eu disse que eu não gostava mais dela. Nem preciso dizer o quanto que eu chorei e dizia que era mentira. Além pedir para ela fazer a Xuxa voltar de novo que eu prometia que iria pedir desculpas para ela. Porque eu amava a Xuxa. E a minha vó dava muita risada.

E isso acabou pegando. Toda vez que eu fazia alguma malcriação, era só ela falar que ia ligar para a Xuxa, que eu parava na hora.

A minha avó era uma pessoa muito evoluída. Adorava abraçar as árvores do Parque Ibirapuera. Tanto que foi lá que jogamos as cinzas delas. Ela também era espírita e todo final de semana íamos para o Centro Kardecista que ficava lá na Zona Norte, perto do Cingapura e do shopping Center Norte. Esse era o mesmo Centro Espírita que as amigas da minha avó faziam parte e eram donas, inclusive a que era proprietária do Castelinho de Pirituba, onde os meus pais se casaram.

Ir ao Centro com a minha vó era uma das minhas atividades favoritas. Eu não ficava muito quietinho, mas sempre ficava ansioso para receber os passes (benção) e depois poder tomar água com açúcar. Não sei quem fazia aquela água, mas era a água com açúcar mais gostosa que já tomei na vida. É que ela servia para acalmar, pois sempre tinham pessoas que ficavam muito emocionadas durante o passe. A minha avó era uma das médiuns que aplicavam o passe. Aliás, foi por conta dela que na infância criei uma paixão muito grande pela literatura espírita. Ainda criança, eu já tinha lido livros como Laços Eternos e Esmeralda, todos psicografados pelo Emmanuel. Esmeralda é até hoje o meu livro espírita favorito.

No Centro eu também participava de diversas ações com a minha avó, quando fazíamos o bingo beneficente, o sopão para as comunidades da região, entrega de brinquedos para as crianças e dos encontros com outros Centros de São Paulo. Lembro muito de irmos diversas vezes para um retiro em Poços de Caldas, o nosso lugar favorito. Ficávamos em chalés, fazíamos trilhas, abraçávamos muitas árvores – inclusive lembro que essa é uma das últimas imagens que tenho da minha avó, pois era a única foto que tinha sobrado dela e eu colei por um bom tempo na urna que guardava suas cinzas. Na foto ela estava com uma sandália preta, um vestido lilás estampado com diversas flores em roxo e branco, a pochete preta na cintura – ela não largava por nada – e os óculos de armação marrom com um cordão que ficava mais pendurado no pescoço do que no rosto dela. E na foto ela abraça um pinheiro um pouco maior do que ela. Os cabelos estavam sempre ajeitados. Eram curtos e afro, mas sempre com os fios no lugar. Ela adorava arrumar aquele cabelo. Fazia parte do ritual dela. Perfume da Boticário, Leite de Rosas no rosto e a vaidade com o cabelo. Ela era a mulher mais linda do mundo.

Um dia, infelizmente, ela ficou muito doente e eu precisei voltar a morar com o meu pai. Eu não entendia muito bem o que estava acontecendo. Mas depois algum tempo o meu pai me contou. Ela tinha descoberto que estava com câncer no intestino e que era uma situação bem delicada. Lembro que fui visitá-la no hospital algumas vezes e ela sempre reclamava que queria voltar logo para casa.

Um dia antes dela falecer, eu sonhei com ela. Ela me chamava e dizia que tudo iria ficar bem e que eu iria conseguir sem ela. Mas que se eu precisasse de alguma coisa, era só chamar que ela viria correndo. Na manhã do dia seguinte, meu pai me acordou dizendo que íamos buscar a vovó no hospital para ela voltar para casa. De fato, ela já tinha recebido alta e todo o tratamento contra o câncer tinha dado certo. Quando chegamos no hospital, recebemos outra notícia. A cirurgia e pós-operatório foram muito bem-sucedidos, mas infelizmente, a alguns minutos ela teve uma parada cardíaca por conta de uma infeção hospitalar e não resistiu.

Foi um dos anos mais tristes e marcantes da minha vida. Ela faleceu próximo ao Natal em 1999. Estávamos todos preparados para fazer a ceia de Natal do jeito que ela mais amava, com muita comida, muita música e a casa cheia. Infelizmente, ela não pode estar com a gente. E nem pode me ajudar a abrir os presentes daquele ano – o que ela sempre fazia comigo.

Mas como ela já tinha me avisado de tudo o que iria acontecer – situação que aconteceria anos mais tarde com a partida do meu pai também – eu não fiquei triste pela perda. Eu só fiquei triste porque não teria mais esses momentos com ela. Era mais uma pessoa que estava saindo da minha vida, mas essa era uma que sempre fez e ainda faz muita falta. Nunca chorei a morte dela, pois para nós não existe a morte, e sim a evolução. Sempre que eu preciso, eu converso com ela e ela me responde. Ela podia não estar mais lá fisicamente, mas eu sempre sentia que eu ia dormir e acordava com ela do meu lado.

Até hoje, ela é a minha melhor amiga e, a minha maior conselheira. Sempre me sinto melhor quando penso e converso com ela.

# CAPÍTULO 8

A minha avó sempre foi a pessoa que mais me entendeu nesse mundo. Éramos muito conectados e cúmplices. De alguma forma ou de outra, ela é responsável por grande parte de quem eu sou. Ela é o meu ponto de equilíbrio sempre em que eu pensei em pender para um lado errado da vida. Quando eu estava caindo, eu pensava nela e mão dela estava estendida para me reerguer. Temos essa cumplicidade até hoje. Ela, mais do que ninguém no mundo, sabe de todos os meus segredos.

É engraçado dizer, mas a minha avó sempre esteve intimamente ligada com a minha sexualidade. Meu pai nunca soube e soubesse teria ficado louco, mas sempre foi ela quem me permitiu ser que eu sempre quis ser. Ela não se prendia a rótulos e nem definição de coisas de menino e menina. Na casa dela, eu tinha liberdade para sentar-me na penteadeira dela e usar seus batons, seus pós de arroz, perfumes, brincos de pressão e colares. Ela ainda me ensinava o que ficava melhor com o quê. Era muito frequente eu ficar andando pela casa com os saltos e os vestidos dela. Ela nunca se incomodou. Pelo contrário, ela via que aquilo me fazia feliz.

Não, não me tornei uma drag queen – apesar de já ter desejado diversas vezes. Mas toda essa experiência foi muito importante para eu aprender que o que eu sentia não era de outro mundo e muito menos errado. Era quem eu era de verdade.

Minha infância foi moldada de duas formas diferentes. São como se fosse duas eras distintas: pré-avó e pós-avó. Na era pré-avó eu era incentivado a gostar de tudo o que eu não gosto até hoje: luta, futebol, meninas e brincar na rua. Já na era pós-avó, foi onde pude fazer tudo o que eu mais gostava: ficar dentro de casa, desenhar, costurar, brincar de boneca e dançar do jeito que as mulheres da televisão dançavam – elas sempre fizeram isso melhor que os homens.

Eu e minha avó tínhamos um segredo. Um segredo que o meu pai nunca chegou a descobrir. No meu quarto eu tinha um baú lotado de brinquedos e vira e mexe, o meu pai me dava mais algum brinquedo novo, como bicicleta, patins, bonecos de super-heróis e bonecos de ação – eu só gostava de um deles, que era o Shiryu do Dragão dos Cavaleiros do Zodíaco. Mas isso só porque eu falava que ele era o meu namorado. Até que eu o troquei por um boneco do Hércules – que era mais alto, mais forte e já vinha sem camisa. Mas voltando ao segredo – esses eram os brinquedos que o meu pai via quando ele estava me visitando na casa da minha avó. Só que quando ele não estava, os brinquedos que eu gostava eram aqueles que ficavam escondidos debaixo da cama da minha avó: minha coleção da

Barbie e da Suzi. Tinha de tudo, bonecas, sapatos, roupas, revistas de colorir, álbum de figurinha, fita de vídeo com o filme Barbie, a Estrela do Rock e até casinha de boneca e conjuntos de casinha como panelinhas, mercadinhos, e tudo o mais. Esse era o meu verdadeiro tesouro.

A minhas favoritas eram a boneca da Xuxa e a Júlia. Para quem não se lembra, a Júlia era uma boneca que vendia na banca de jornal durante os anos 90. Ela não era feita com esses plásticos murchos de bonecas de R$ 1,99. Pelo contrário, ela era muito bem desenhada e linda. A primeira que saiu foi a Júlia no Safári. Ela vinha com uma revista que contava toda a aventura dela em safári pela África. Depois vieram as versões bailarina, espanhola, dama da corte, jornalista, mergulhadora e tudo o mais. E a cada fascículo vinha uma roupa diferente para contar uma história diferente.

Por falar em banca de jornal, essa era a minha verdadeira paixão. Nunca fui do tipo de criança que gostava de brincar na rua, pelo contrário, eu sempre preferi ficar quietinho no meu canto. E ainda sou assim até hoje. Mas a banca de jornal era a minha loja de brinquedos. Eu era tão fissurado por aquela quantidade enorme de revistas e informações, que eu falava que queria ser um jornaleiro quando crescesse. Só que na minha banca ninguém iria poder levar nada, seria tudo meu. Eu ia na banca de jornal pelo menos uma vez ao dia. Durante a semana, eu ia quando estava indo para a escola e quando voltava. E aos finais de semana, eu ia com a minha avó já que ela sempre comprava o jornal de domingo. Minha paixão por banca de jornal era tanta que a minha avó até pediu para o jornaleiro criar uma conta para mim. Eu podia pegar umas três ou quatro revistas por semana e no final do mês ela acertava com ele. Eu ficava horas lá, olhando tudo o que tinha chegado de novo e vira e mexe ele guardava algumas edições especiais para mim. A minha banca favorita, era que ficava em frente a padaria Baby Trigo – lá em Pirituba. Era a melhor da região e a minha avó já comprava jornais e revistas lá há anos.

Eu nem sabia que na época existiam histórias em quadrinhos de super-heróis. Minha paixão mesmo, eram as revistas da Barbie. Eu comprava todas. De figurinhas, de bonecas de papel, de colorir, de passatempos, tudo. Eu tinha um verdadeiro santuário da Barbie em casa. Na verdade, debaixo da cama da minha vó.

A minha maior emoção foi quando a minha avó comprou de presente um Ken com cabelo de verdade. Ele vinha com sapatos, calça jeans, uma camiseta branca, blusa xadrez e óculos de sol – e uma escova para pentear os cabelos, claro! Era incrível. Eu queria andar com ele para cima e para baixo. Tanto que eu dormia com ele. Lembro até que uma vez o meu pai chegou de noite e me viu com o boneco. Tentou tirar de mim e na hora eu acordei. No dia seguinte, ele disse para a minha avó que aquilo era brinquedo de menina e minha avó muito sensata disse: "Não é não! Você não está vendo que o Ken é um homem!". Meu pai tentou argumentar que o Ken era o namorado de boneca, então era de menina. Minha vó nem respondeu – ou seja, conversa encerrada. Eu fiquei com o boneco até o meu pai jogar fora depois que minha vó faleceu.

Outra coisa que eu lembro da época que eu morava com ela era quando o Carnaval chegava. Eu nunca fui muito chegado nos desfiles das escolas, mas tinha uma coisa que sempre me encantava nessa época: a Globeleza. Ver a Globeleza aparecer na televisão era a minha maior ansiedade. Tanto que a minha vó já sabia e quando via ela na televisão corria me chamar. Eu não só admirava ela, como eu queria ser ela. Eu falava isso para a minha avó e ela achava o máximo – só pedia para eu não contar para o meu pai.

Era começar a vinheta da Globo de carnaval, que eu já começava a dançar na frente da TV. Até hoje, eu sei os passos que ela fazia de cor e até lembro da maquiagem e dos desenhos que ela usava no corpo. Meu sonho maior era quando eu conseguia colocar um salto da minha avó para sambar. Aí sim, eu me sentia a verdadeira Globeleza.

Não estou dizendo que nada disso fez com que eu crescesse e me tornasse gay. Pelo contrário. Até porque você não se torna aquilo que você sempre foi. Eu já nasci gay. Gostar de homens sempre foi a maior certeza que eu tive na vida. Não podia saber muito bem como lidar com isso e nem que não era muito aceito pelos outros, mas eu nunca tive dúvidas sobre quem eu era e o que eu gostava. E com a minha avó, era assim que eu me sentia. Eu era livre para ser quem eu quisesse. Todas as referências era o que me fazia uma das crianças mais felizes do mundo e sempre me considerei muito sortudo por tido essa oportunidade. Talvez se eu não tivesse tido esse convívio com a minha vó, eu poderia ter crescido cheio de sentimentos reprimidos e vivendo uma vida que fosse bom para os outros, mas que nunca seria o mesmo para mim. E infelizmente, isso é uma realidade que muitos viveram e ainda vivem – tanto homens quanto mulheres. E eu fico muito triste em ver a quantidade de pessoas que morrem sem nunca terem tido a oportunidade de ser quem elas queriam ser de verdade. E mais triste por aquelas que insistem em viver algo que não corresponde aos desejos delas.

Acredito que todo esse desapego em relação a minha sexualidade, tanto da minha parte, quanto da parte da minha avó, acontecia por termos uma evolução espiritual maior que o meu pai, por exemplo. Para aqueles que tem curiosidade ou que queiram se aprofundar nos questionamentos da sociedade espírita sobre a sexualidade de um indivíduo, vai encontrar diversos estudos – seja de Alan Kardec, Chico Xavier e outros, de que a homossexualidade é um reflexo das vivências anteriores do espírito. É uma reflexão do que ele já viveu e um desprendimento das questões terrestres que focam muito mais em reprodução e prazer do no amor em si. Não vou entrar em detalhes aqui, pois é um estudo muito amplo e que possui diversas fontes de leitura. Mas é muito interessante essa ótica, principalmente levando em conta o ambiente eu e minha avó vivíamos.

# CAPÍTULO 9

Existem coisas que acontecem na vida das pessoas que é muito difícil para alguém que tenha apenas a visão externa consiga enxergar. Às vezes, até aqueles que estão intimamente ligados com aquela pessoa nunca vão ficar sabendo, exceto se ela contar. Eu mesmo tenho algumas recordações de momentos terríveis que nunca consegui contar abertamente para ninguém. Essa provavelmente será a primeira vez e é bem possível que os que estiveram envolvidos de alguma forma nessas situações, nem se quer lembrem do que aconteceu.

Existem dois episódios em minha história que poucos ou ninguém nunca souberam. Eu sempre tive vergonha deles, pois eles mostram para as pessoas uma realidade que já é esperada dentro dos rótulos estereotipados que todos nós recebemos. Por isso, sempre fico com ressalva em contar. Mas ao mesmo tempo, estou em um momento da minha vida em que muito pouco ou praticamente nada esses dois momentos refletem em quem eu sou hoje de forma negativa, pelo contrário. Assim como eventos externos, eles foram catalisadores de força e exemplos do que eu tinha certeza do que eu não queria me tornar ou de onde eu queria acabar.

Eu não vou conseguir determinar muito bem o tempo em que essas situações aconteceram, pois a minha linha de tempo é muito relacionada aos objetos que estão ao meu redor e pela forma como eles me marcam. E nesses dois casos específicos, eu não consigo recordar de nada que tenha me marcado dessa forma, ou se eu lembro devem estar escondidos em alguma camada do meu subconsciente.

O primeiro caso está muito relacionado com algo que eu tenho muita paixão e que sempre marcou tudo o que fiz até hoje: o inglês. Desde muito cedo, eu sempre tive um fascínio gigantesco não por aprender inglês, mas por ter paixão por essa língua. Até hoje, eu acredito que eu fui capaz de aprender a falar inglês não porque eu aprendi, mas sim porque eu me apaixonei por essa língua.

De fato, eu nunca fiz nenhum curso de inglês na vida, exceto por aquelas aulas insistentes sobre o verbo ser/estar que todos nós aprendemos na escola, mas nunca aprendemos. Meu primeiro contato com a língua inglesa foi quando eu ainda morava com a minha avó, foi um pouco antes da morte dela, então eu deveria ter uns doze anos. Nós ganhamos daquela amiga dela que ia constantemente para a Europa, uma coleção de revistas infantis da BBC London. A coleção era composta de aproximadamente umas 120 revistas – eu lembro que nas revistas de número ímpar tinham sempre uma história em quadrinho que se passava em um circo e nas revistas pares eram os exercícios de aprendizado. Como eram voltados para o ensino de crianças inglesas não tinha nada em português. Lembro que essa coleção vinha com umas fitas também. Na verdade, uma caixa de fitas – uma para cada uma das revistas.

Claro que eu não aprendi inglês de uma única vez, mas consegui ter uma boa base para continuar os meus estudos, mesmo que muitos anos depois. Foi por volta de um ano mais ou menos depois que o meu pai faleceu, que eu retomei a minha vontade de aprender a língua inglesa. Enquanto vários amigos de escola iam para as lan-houses jogar Counter-Strike, eu preferia comprar cadernos e copiar a letra das minhas músicas favoritas que tocavam nas rádios e passavam na MTV. Eu passava umas de duas a três horas copiando o máximo de músicas possível e quando eu chegava em casa, eu pegava um dicionário de inglês que eu tinha – presente do meu pai da época de escola – e ia transcrevendo tudo de novo, só que dessa vez, eu escrevia a música usando apenas a fonética presente no dicionário. Dessa forma, eu fui aprendendo não apenas as letras das músicas que eu gostava, como também a fonética e pronúncia correta das palavras e por consequência o seu significado. Eu achava mais divertido do que comprar aquelas revistas de letras de música nas bancas – até porque quase sempre vinha músicas de uns artistas que eu não gostava.

Bom, os anos foram passando e o inglês continuou muito presente em minha vida – até hoje inclusive. Por isso, me empenhei ao máximo para aprender a língua de todas as formas possíveis e acessíveis.

Um certo dia, alguém me falou de um lugar onde eu podia entrar, ver os livros e ler tranquilamente: a Livraria Cultura. Na época em que eu conheci a Livraria Cultura do Conjunto Nacional na Avenida Paulista, eu já estava morando sozinho e já estava entrando no meu primeiro emprego. Eu fiquei apaixonado pela quantidade de livros e as muitas opções que eu tinha para poder aprender um monte de coisas novas. Se eu não estava no trabalho, estava na Livraria Cultura. Olhar todos os livros eram incríveis, só que tinha um, porém: eu não podia levá-los para casa e mesmo se eu quisesse todos eram muito caros – e eu ainda não tinha condições de bancar um aluguel e ainda comprar livros.

Como eu passava grande parte do meu tempo na rua – já que dentro de casa eu não tinha nada para fazer. Até porque no primeiro momento em que eu morei sozinho, a única coisa que eu tinha era um cômodo muito pequeno em Pirituba, com um banheiro coletivo, uma pia que servia para eu tomar água e levar roupa e um colchonete no chão. Ou seja, eu não tinha nada dentro de casa. Era apenas um teto para dormir e algo para não deixar o chão muito duro. Minha coberta eram as roupas que eu tinha. Não sinto saudades dessa época, mas também não desprezo esse momento, pois me deixaram ambicioso para conquistar tudo o que eu já tive e tinha perdido, e tudo o que eu não conhecia e queria ter.

Então passar o tempo dentro das livrarias e sebos da cidade se tornaram a minha paixão. E eu ficava muito triste nos domingos e feriados em que esses lugares não abriam. Certa vez, em uma dessas minhas andanças pelas livrarias de São Paulo, eu encontrei um livro de inglês que eu me apaixonei. Ele era incrível, mas o preço era exorbitante. E a partir dessa associação, eu não sei o que me deu que eu comecei a martelar na cabeça uma forma de ter aquele livro para mim. Eu precisava tê-lo. E assim eu fiz. Pensei sobre todos os riscos e possibilidades e no final, me vi saindo da livraria com o livro enfiado dentro da blusa. Sim, eu havia cometido o meu primeiro crime. Digo primeiro porque isso voltaria a acontecer outras vezes, infelizmente. A princípio, a sensação era horrível e eu sempre tinha o sentimento de que algo ruim fosse me acontecer. Então depois disso, eu nunca mais voltava para a mesma livraria. Mas a recompensa era de que eu tinha o livro que eu queria. E eu lia e devorava o livro, como se em algum momento fosse aparecer alguém, descobrir tudo o que eu tinha feito para conseguir aquele livro e tirá-lo de mim.

Só que o grande problema de uma coisa errada que você faz uma vez e ninguém percebe é que dá vontade de fazer novamente. E eu fiz – mais algumas dezenas de vezes. Até o dia em que minhas opções no centro de São Paulo eram pouquíssimas. Tinha medo de ser parado em algum lugar por aquilo que eu estava fazendo. Então comecei a ir para locais cada vez mais distantes de onde eu morava. Até que eu entrei na Livraria Saraiva do Shopping Ibirapuera. Fiz a mesma coisa que eu fazia nas demais situações. Sentava-me, começava a ler e estudava toda a situação ao redor. O problema é que vamos ficando ambiciosos e eu tinha ficado assim. Dessa vez, eu tentei sair da livraria com nada mais, nada menos do que cinco livros.

Era óbvio que eu seria pego e fui. Mal consegui passar pela porta da Saraiva e fui parado pelo segurança que pediu que eu o seguisse até a sala do gerente. Lá eu tive o constrangimento de me ver cometendo o furto na câmera de segurança. O gerente me questionou por que eu estava fazendo aquilo e eu fui bem sincero ao dizer que era para eu estudar. Mas ele não aceitou minha resposta e imediatamente ligou para a polícia. Claro que ele não estava errado e eu nunca pensei nisso. Pelo contrário, eu só ficava pensando na vergonha desnecessária que eu estava passando e o que o futuro estava me reservando quando a polícia chegasse.

Quando os policiais chegaram – eram uns três policiais – eu fui diretamente escoltado para fora do shopping e colocado dentro da viatura. Lembro deles tirando bastante sarro da situação, pois eu não estava roubando dinheiro como seria o esperado, mas sim livros – o que não era nada esperado. Chegando na delegacia, começaram a fazer um monte de perguntas e continuaram questionando para quê eu estava roubando aqueles livros. E disse novamente que era para eu estudar. Deram risadas e me coloram na cela da delegacia. Fiquei com muito medo, mas não demonstrei e nem mesmo chorei – uma característica muito falha até da minha personalidade. Mas isso de alguma forma mexeu com um dos policiais. O nome dele era Felipe também e me lembro da fisionomia dele até hoje: era branco, louro, educado, alto e brincalhão.

Ele disse que para eu sair de lá, eu teria que pagar uma fiança de cento e cinquenta reais. Respondi que eu não tinha esse dinheiro. Até fui meio grosso com ele, porque eu disse que se tivesse esse dinheiro, eu não teria roubado aqueles livros, eu teria comprado. Ele ficou bravo, mas deu risada. Disse que eles iam decidir o que fazer comigo e por isso eu ficaria lá por um tempo. Perguntei se enquanto isso eu podia pelo menos ler um dos livros, ele deu outra risada e disse "é claro que não!".

Depois de algum tempo, ele voltou com um livro na mão e me disse o seguinte: "Já que você está falando que você roubou esses livros para estudar inglês, então você vai ter que ler em inglês e traduzir tudo o que falarmos em inglês". E disse que por mim tudo bem. A primeira frase que ele pediu que eu falasse em inglês foi: "Eu roubei um livro e estou indo para a cadeia por isso" e logo em seguida eu respondi: "I have stolen a book and for that I am going to the prison". Então ele pegou o livro que estava na mão dele e começou a dizer algumas palavras em português e me pediu para ir traduzindo para o inglês.

Por fim, satisfeito com tudo o que eu falei, ele disse: "é de fato parece que você está estudando". Então, ele abriu a porta da cela e disse que eu nunca mais fizesse isso na vida e que se eu continuasse assim, eu tinha tudo para ter um futuro brilhante, mas que roubar nunca era uma opção, mesmo que fosse por um bom motivo. Eu levei as palavras dele muito a sério e disse que não faria mais isso. Então, ele falou que eu já podia ir para casa e que o que tinha acontecido nunca entraria para os registros policiais, porque ele estava confiando em mim de que eu não fosse fazer isso novamente.

Ele me liberou para ir para casa. Os livros ficaram por lá e seriam devolvidos para Saraiva. Depois desse episódio eu ficaria mais de vinte anos sem voltar no shopping Ibirapuera novamente. Mas a lição foi muito bem aprendida e roubar livros, nunca mais foi uma opção.

*****

O outro episódio aconteceu na primeira vez em que eu morei no município de Taboão da Serra, em São Paulo. Tudo se passou por volta de 2008, quando eu tinha por volta de dezenove ou vinte anos. Nessa época, eu morava em uma casa de um único cômodo, mas onde eu já tinha um banheiro dentro de casa – era uma evolução. O que eu lembro desse ano era que estava na moda aqueles celulares com televisão embutida. Então as pessoas andavam nos ônibus e nas ruas com seus celulares, sem fones de ouvido e a antena erguida lá no alto. Pensando bem nessa época isso era muito bizarro.

Lembro também que algumas pessoas se conheciam e se encontravam através do famigerados bate-papo, principalmente aquele do UOL. Era muito comum as pessoas passarem horas e horas enfiadas dentro de uma lan-house conversando com a alguém e criando todas as expectativas de relacionamento em cima daquela conversa – isso sem nem saber o rosto da pessoa com quem você estava falando. Eu sei disso, pois eu fui uma dessas pessoas. Era engraçado, pois hoje falamos que as pessoas não se olham e não se percebem mais, mas isso já estava acontecendo a mais de dez anos atrás. Conhecer alguém acontecia em duas situações: baladas ou bate-papo. E sinceramente? As duas formas sempre foram uma furada.

Pelo bate-papo você podia encontrar alguém que parecia maravilhoso, trocar o número de telefone ou e-mail para conversarem e até quem sabe rolar um encontro – coisa que não era muito comum, pois a maioria só queria ficar no tesão da conversa mesmo. Ou a sala lotava e jogava todo mundo para fora antes de você conseguir qualquer pista da pessoa que você estava conversando e pronto, vocês nunca mais se encontrariam naquele mundaréu de apelidos nada sugestivos.

Na balada, a grande cilada era que, a pessoa que você conhecia lá dentro parecia a melhor do mundo, vocês faziam promessas vazias e no final cada um pegava o seu ônibus e nunca mais se viam – ou durava só até às quatro ou cindo da manhã – horário que as estações de metrô abriam. Até trocavam algum contato, mas nenhum dos dois nunca ligava e a expectativa ficava até o próximo final de semana em que tudo acontecia novamente. Era bem desesperador. Sem contar que muitos estavam sob a influência de bebidas e até drogas, e as emoções que transmitiam eram meras representações do calor do momento. Na verdade, a pessoa que você estava conhecendo não era mesma que iria acordar no dia seguinte em algum lugar de São Paulo, tentando lembrar de tudo o que tinha acontecido. Ou melhor, muitas das vezes nós nem queríamos lembrar o que tinha acontecido.

Duas expectativas com o mesmo final trágico: a paixão fulminante por uma pessoa que prestou atenção no seu apelido na sala de bate-papo e te disse coisas lindas e que você certamente queria ouvir e o encontro com um total estranho que em uma única noite te faz milhões de promessas de romance e fidelidade eterna. Ambas promessas e esperanças que nunca iriam se cumprir.

E foi assim que eu comecei um dos meus relacionamentos mais estranhos: em uma balada e com muitas promessas. A balada em questão era a Danger, localizada no coração do centro gay de São Paulo: Rego Freitas. A Rego Freitas, próxima ao Largo do Arouche, era o lugar onde se encontravam o dito fervo da época e onde ficavam as baladas mais acessíveis da época. A Danger, cuja hostess era a Salete Campari e a atração principal do show era a Silvetty Montilla, conhecida pelo humor ácido contra todos da plateia era um dos motivos das filas gigantescas da balada. A casa abria por volta da meia-noite, mas as dez já tinha centenas de pessoas na fila esperando para entrar. Principalmente quando tinha alguma promoção de VIP antes das onze. Mas a Danger também era uma das únicas que ainda tinha um show de drag de qualidade – os famosos batem cabelo. Além de shows de sexo ao vivo, remixes exclusivos de músicas pop do momento e das mais clássicas também e o tão difamado dark-room – aquele que na fila e no começo da balada todos juravam pela mãe morta que nunca entraram ou entrariam, mas que depois de umas duas ou três horas ficava abarrotado e mal dava para se mexer – tanto que a pista de dança chegava a ficar vazia.

Na noite em que eu conheci o cabeleireiro foi muito estranho. Ele era diferente de todos os outros homens que eu já tinha conhecido: tinha cabelo tingido de louro e com uma franja gigantesca que escorria na lateral do rosto, usava coturnos, anéis enormes no dedo, muito xadrez e calça de couro. Sem contar que ele tinha a unha pintada de vermelho. Totalmente diferente de tudo o que eu já tinha conhecido até ali – aliás acredito que tenha sido isso que me chamou a atenção. Ele era totalmente o oposto de tudo o que eu conhecia e isso parecia muito bom, perigoso e atraente na época.

Ficamos juntos a noite inteira e por coincidência fomos embora juntos também. Casa um para sua casa – mas descobrimos que éramos praticamente vizinhos. Morávamos no mesmo bairro e somente a alguns quarteirões de distância um do outro. Ficamos até impressionado com o fato de nunca termos nos vistos antes, mas na verdade era porque eu sempre fui uma pessoa que ficava muito dentro de casa. Minha vida era praticamente de casa para o trabalho e do trabalho para casa. Como morávamos perto começamos a frequentar um a casa do outro.

Enfim, estávamos entrando em um relacionamento. Eu comecei a conhecer os amigos dele e sobre a vida dele. A profissão eu já sabia, o que eu não sabia era que ele era cabeleireiro de uma casa de prostituição. Até então não fiquei chocado, afinal de contas, ele não estava se prostituindo, apenas estava prestando o serviço dele para as garotas que o faziam. Com o tempo, eu comecei a frequentar a casa em que ele trabalhava, que ficava na Rodovia Regis Bitencourt, muito próxima os limites do Taboão da Serra. No começo achei até interessante, pois era como viver em um mundo eterno de baladas – um sonho para muitas pessoas na época, tenho certeza.

Mas claro que tudo isso tinha uma consequência. A proximidade que ele tinha com as meninas e os donos da casa, e a necessidade de trabalhar a madrugada inteira pediam coisas que o corpo não podia aguentar, então disse que para se manter em pé usava cocaína uma vez ou outra. Eu nunca tinha reparado, mas depois que ele falou, eu comecei a perceber que de fato, ele usava. A única diferença é que não era uma vez ou outra – eram todos os dias e mais de uma vez ao dia. Ele usava até mesmo antes de ficarmos juntos. E era muito comum não conseguirmos ter relações sexuais devido a impotência que a droga gerava nele.

Eu sempre me vi como uma pessoa extremamente liberal, principalmente no que diz respeito ao sexo. Acredito que não tenha nada nessa vida que eu nunca tenha feito. Mas quando se trata de drogas, eu sempre fui muito pé atrás e sempre tive a plena consciência dos caminhos que isso poderia me levar e os estragos que poderiam fazer não apenas no meu corpo, mas em quem eu queria ser também. Acho que isso deveria ter sido uma brecha para eu sair de lá, mas não foi o que aconteceu. Só pedi que ele não usasse perto de mim e de preferência nunca quando estivesse comigo.

Conforme o tempo foi passando, e eu fui ficando mais próximo do círculo de amizades dele, eu fui percebendo algumas coisas estranhas: um primo que já tinha saído da prisão e que passaria a morar com ele; a quantidade de dinheiro que ele sempre tinha para fazer passeios caros e bancar bebidas caras; o preço das roupas que ele comprava e as sumidas dele em alguns finais de semana, sem qualquer justificativa. Nesse ponto, eu já comecei a ficar com a pulga atrás da orelha. Para mim, ou ele estava vendendo drogas ou estava se prostituindo – e qualquer um desses dois cenários era inaceitável para mim. Conversei com ele e ele negou os dois. Mas, mesmo assim, ainda fiquei com a sensação de que algo muito errado estava acontecendo. Comecei a ficar cada vez mais distante da casa e dos amigos dele. Não sei por que, mas a vida me deu um radar que me permite enxergar coisas que vão um pouco além da percepção normal das pessoas. E quando eu insisto que tem algo de errado acontecendo, geralmente é porque tem mesmo. Uns chamam de intuição, outros de livramento – eu prefiro o termo sensibilidade. Eu sou muito mais sensível as malícias e atitudes das pessoas e dos lugares que eu estou.

Eu consigo antecipar coisas muito antes delas acontecerem – e claro que com o cabeleireiro não seria diferente.

Dito e feito. Passado mais alguns meses, eu conheci um casal de amigos dele. Eles eram um casal muito estranho. Tinham o carro do ano, andavam com roupas caríssimas, e sempre tinham dinheiro para tudo, inclusive para fazer as viagens mais caras e inesperadas que você pudesse imaginar, mas em contrapartida, moravam em uma casa muito simples e que era dividida com mais pessoas no quintal. Nada contra a simplicidade, mas isso estava muito fora de conexão. As coisas não se conversavam. Ou seja, tinha coisa errada aí.

Como eu era o namorado do cabeleireiro, eles me consideraram como uma pessoa de confiança. Afinal, o meu suposto namorado, era quem fazia as unhas e cabelo da esposa do casal há muitos anos. Com esse nível de intimidade, aumentou o nível de informação. E eles então revelaram que o que eles faziam era pegar carros roubados em Minas Gerais, onde o controle de veículos era muito mais burocrático na época, trazerem para São Paulo, reemplacar esses veículos e revender para concessionárias de bairros, que eram pequenas e muitas vezes não conseguiam checar todos os antecedentes do veículo. Eles contavam tudo isso com muita astúcia, como se tivessem descoberto um poço de petróleo no quintal. A diferença é que tudo o que eles estavam fazendo era totalmente ilegal. A participação do meu então namorado, era conseguir documentação de pessoas aleatórias para colocar como donas desses veículos, dessa forma ninguém nunca chegaria neles.

Fiquei muito receoso com tudo isso e não quis fazer parte disso de forma alguma, até mesmo pela experiência que eu tive anteriormente. Não queria que o meu nome pudesse ser envolvido de algum jeito nessa tramoia deles. A solução foi me afastar deles. E o relacionamento que parecia incrível e cheio de promessas, acabou virando uma fonte de frustações, desconfiança e discussões.

A última noite que passamos juntos, foi também a última noite que nos víamos. Sairmos para beber em uma balada que ficava na Paulista. Era uma casa de sertanejo e fomos acompanhados de uma menina que trabalhava na fazia programa na boate que ele trabalhava e um de seus clientes. O acordo era de que tudo seria pago por ele, como parte do programa – como ela já tinha pousado para a Playboy, programas com ela não saiam por menos de mil ou dois mil reais.

Fomos para a balada e quando eu entrei no carro eu já tinha sentido que a noite não acabaria bem. E foi exatamente o que aconteceu. Em determinado momento da noite, a menina tentou pegar dinheiro da carteira do cliente e eles começaram a discutir. Nós seríamos deixados na Paulista, de madrugada, sem nenhuma forma de ir para casa. Eu já fiquei bravo e isso foi um gatilho para eu começar a discutir com o cabeleireiro. Saímos da balada e o cliente começou a rasgar a roupa da menina no meio da rua e chamando ela de tudo quanto é nome. E eu em um canto observando tudo o que estava acontecendo, enquanto escutava do cabeleireiro que aquilo era normal. Que sair com ela era sempre assim. Alguma coisa sempre estava prestes a acontecer. Para mim, não tinha nada de normal naquilo tudo. Pelo contrário.

Por fim, os dois se entenderam e fomos embora. Eu não consegui engolir nada daquela história e fui calado o caminho inteiro. Primeiro que eu fiquei preocupado que o homem pudesse fazer alguma coisa coma gente, e segundo porque a situação dentro do carro estava totalmente desagradável. O homem correu tanto pela Rebouças e pela Francisco Morato que em poucos minutos já estávamos de volta ao Taboão. Quando fomos chegando, eu disse que queria ir para casa, mas o cabeleireiro insistiu que eu fosse para a casa dele – eu não quis, então ele me agarrou pelo braço falando que eu ia sim. Nesse momento, pedi para o homem parar o carro que eu ia descer e iria a pé até a minha casa. Eu desci e nisso o cabeleireiro me puxou tão forte que rasgou a minha camiseta.

Minha reação foi correr. Entrei na rua mais próxima e corri a caminho de casa. Não sabia muito bem onde eu estava, mas sabia que precisava ir para casa. Escutei o barulho de pneu cantando e deles gritando o meu nome. O que eu pensei nesse momento é que agora eu precisava sobreviver e não apenas correr. E foi o que eu fiz. Não me lembro muito bem como, mas consegui achar a rua de casa, abri o portão, tranquei novamente e entrei para dentro de casa e fechei todas as portas e janelas. Passou uns cinco minutos e eles começaram a bater no portão dizendo que iriam entrar. Eles só pararam porque os vizinhos acordaram e foram ver o que estava acontecendo. Diante disso, eles foram embora.

Dentro de casa, eu fiquei em estado de euforia e tudo o que eu queria fazer era apagar tudo o que tinha acontecido da minha cabeça. Não queria ter lembrança nenhuma, de nada e nem de ninguém. Eu só queria dormir e não acordar mais para não ter a chance de reviver tudo aquilo novamente. A solução que eu encontrei foi alguns remédios que eu tinha pela casa. Sinceramente, eu não lembro quantos eu tomei. Eu sei que foram mais de dez comprimidos. Tomei e me deitei na cama esperando tudo acabar. Algum tempo depois acordei me sentindo muito mal, levantei e tomei água direto da torneira da pia. Tudo apagou quando eu estava voltando para a cama novamente.

Tudo isso tinha acontecido em um domingo. Quando eu retomei a consciência já era terça-feira à tarde. Eu estava pelado, com o corpo totalmente dolorido e caído no chão em cima de uma poça de sangue – depois fui perceber que eu quebrei alguns dentes na queda. Eu não tinha conseguido voltar para a cama e caí a poucos centímetros dela. A única coisa que eu conseguia pensar naquele momento era que eu não queria ter acordado – não era para ter sido assim. Era para eu ter ficado dormindo – para sempre.

Esse foi um dos momentos mais angustiantes que eu já passei. Foi pior ainda quando eu percebi que ninguém tinha sentido a minha falta ou notado a minha ausência no trabalho, por exemplo. No celular não tinha nenhuma mensagem, nem mesmo do cabeleireiro. Eu tinha sido esquecido. De fato, tudo o que aconteceu foi apagado, mas não fui eu quem apagou, foram as outras pessoas. Foi nesse momento que eu percebi que eu teria que ser a minha própria resistência e que nunca, em momento algum, eu poderia confiar e acreditar nos outros sem confiar em mim mesmo primeiro.

# CAPÍTULO 10

Para esse capítulo eu queria escrever sobre um traço da minha personalidade e que é muito presente em tudo o que eu compartilhei com você até agora: Feminilidade. Há quem diga que feminilidade é muito comum e inerente aos homens gays. Contudo, eu não vejo e continuo não vendo dessa forma, muito pelo contrário. A feminilidade é um dom, uma extensão de quem eu sou. Ela me complementa. E mesmo que as inúmeras teorias psicológicas venham dizer que isso é um reflexo direto da minha infância e principalmente da minha relação ou ausência dela no que diz respeito a maternidade ou paternidade, não acredito que isso seja o motivo da minha admiração, respeito e valorização do que é feminino. Aliás, não acredito que isso seja verdade para ninguém, mesmo para aqueles que afirmam que os gays têm a necessidade de sempre procurarem por imagens femininas para criar a sua identificação de vida, pois ele mesmo seria uma ambiguidade da feminilidade com a masculinidade. Mas isso soa tão pretenso e desconexo. Soa como uma guerra infinita que nunca termina, como se dentro de um único corpo tivéssemos duas almas brigando para possuí-lo: a alma de um homem e de uma mulher. Isso não soa bem e não é nada bom, para ser sincero. É como desmerecer a possível existência de um terceiro gênero, talvez. Um que não precise de fato nem ser homem e nem ser mulher, mas um que pode ser tudo, que pode ser livre. Um corpo de aparência masculina, com alma masculina que sente atração por corpos masculinos, mas que não vê defeito algum em expor sua feminilidade pelo gesto, pela voz, pelas atitudes, pelo carinho, pelo viver.

Eu sempre sou muito mais propenso a dizer que esse mito da feminilidade, como algo frágil, quase que doente, impotente e desprovido de capacidades morais, é fruto de séculos e séculos de humanidade, onde sempre se acreditou que o macho é a figura dominante em todos os aspectos da nossa sociedade – afinal, na concepção de muitos, a sociedade foi construída por eles e para eles. Permitir que outros gêneros vivam nessa sociedade nada mais é do que uma misericórdia por parte dos homens fundadores da humanidade. Essa última parte, lembra muito a construção do pilar de desenvolvimento da sociedade estadunidense, por exemplo. Aliás, não apenas deles, mas de diversas sociedades ao redor do mundo. Houve um tempo em que homens femininos eram vistos como detentores de sabedoria além do normal, com o passar dos anos essa admiração tornou-se abominação. É triste, mas é verdade.

A verdade é que o meu eu feminino foi aquele que sempre me manteve em equilíbrio com quem eu sou e quem eu poderia ter me tornado. Eu gosto do feminino, eu gosto e admiro muito, tudo o que o feminino representa e pode fazer. Na verdade, só o fato do feminino ser considerado algo contrário ao que a sociedade masculina gostaria de fosse, já é motivo para que eu o admire, afinal, eu gosto de tudo o que é rebelde, de tudo o que vai além das expectativas das pessoas.

Feminilidade se não nascida com alguém, deveria ser ensinado. Afinal de contas, só passamos a respeitar aquilo que conhecemos. Tudo o que é estranho, ou que de alguma forma não condiz com quem somos causa estranheza. Gera repudio. Gera ignorância. Por ignorância, vale esclarecer que feminilidade não está relacionado a aptidão de se apaixonar, de deslumbrar uma vida de conto de fadas, ou de saber fazer com proeza tarefas domésticas e ainda manter uma casa organizada. Isso, na verdade, é misoginia. Feminilidade é um sentimento, não um estilo de vida. É o apreço por tudo e por todos, é nutrir um sentimento e criar um laço de sensibilidade com as pessoas, objetos e seres vivos ao seu redor. Feminilidade é respeitar, é ouvir, é aceitar quando se está errado sem precisar gritar, esbravejar, agredir ou diminuir. É descer do salto com maestria, por respeito ao próximo. Feminilidade é a capacidade de não criar guerras, mas unir forças.

Agora não confunda a feminilidade de um homem com o desejo de ser uma mulher. Não somos e não temos pretensão de ser. Homens femininos sabem o seu lugar e em momento algum quer rivalizar com uma mulher – os que fazem isso, não são homens femininos, são machistas. Gênero não se compara, assim como também não se rotula. Gênero é identidade, e assim como no âmbito legal, cada um têm a sua, sem precisar ser melhor ou pior que a do outro. O que somos e quem somos é uma mera questão individual, não é um compartilhamento de sentimentos. É nosso, de mais ninguém. Podem tentar agredir, xingar, diminuir e retaliar, mas nunca vão conseguir tirar isso de nós. Podemos ser todos seres humanos – mesmo que eu tenha minhas dúvidas com alguns – mas somos todos únicos. Não somos nossos pais, nossas mães, nossos avôs, nem podemos ser comparados aos nossos irmãos, colegas, vizinhos e desconhecidos.

Somos quem precisamos ser, somos quem querermos ser – e ponto.

# CAPÍTULO 11

Esse é enfim o capítulo final. Para essa parte, apesar de terem se passado alguns meses desde que tomei a iniciativa de colocar todos esses sentimentos e memórias em palavras, eu tomei o cuidado de dar uma pausa na escrita e refletir em tudo o que eu compartilhei com vocês até o momento. Até pensei se deveria mudar alguma coisa, ou omitir algo que foi contado. Mas por fim, optei por manter tudo da forma como foi chegando em minha mente e transmitido para os meus dedos. Não revisei, não alterei e não repensei nada sobre perspectivas novas, nem me levei por fatores externos que podem alterar os pontos de vistas dessas histórias. Optei por me manter fiel a tudo o que eu sentia, e a tudo como eu sempre acreditei ser verdade, de um ponto de vista próprio e autocritico.

Por esse motivo, eu deixei essas últimas páginas para escrever uma reflexão sobre quem eu sou. Afinal de contas, o título do livro é "Eu No Espelho", por esse motivo, eu quis colocar essa perspectiva em palavras. Agora, o que você vai ler é o meu depoimento sobre quem eu acredito ser. Não vou mencionar o que as pessoas podem pensar de mim, pois esse não é objetivo desse livro.

Acredito que todos nós em algum momento da vida já nos vimos rodeado por essa pergunta: "Quem é você?". Eu acho isso uma pergunta extremamente inconveniente, mas parece muito atrativa aos olhos do outros. Contudo, o grande problema desse tipo de pergunta é que sempre que falarmos alguma coisa, o faremos com a perspectiva do que agrada ao outro, e nunca daquilo que realmente acreditamos. Até porque responder quem somos é algo extremamente complexo. E bem comum escutarmos que vamos morrer sem nunca nos conhecermos de fato. Se isso é tão difícil para nós mesmos, quem dirá para alguém que insiste em fazer essa pergunta. E ainda me pergunto qual de fato é a necessidade dela em saber sobre quem de fato eu sou. Qual seria necessidade e o impacto dessa informação na vida de alguém?

Sem mais delongas, eu posso começar dizendo que eu, Felipe, sou uma pessoa extremamente chata – em todos os sentidos. Sou chato socialmente, profissionalmente e pessoalmente. Sou chato, pois tenho paciência zero e pouca, ou quase nenhuma tolerância para muitas coisas, principalmente aquilo que envolve outras pessoas. É muito comum você me ouvir dizer o tamanho da minha frustação com as pessoas de modo geral, inclusive comigo mesmo.

Me irrito com facilidade e detesto tudo que não tenha organização. Acho que organização é a principal palavra para me definir. Não sou completamente organizado, mas gosto que as coisas tenham uma razão, um motivo e que sejam práticas. Costumo ser muito prático em minhas decisões, gosto do preto no branco, e do sim e do não. O uso de meias alternativas não combina muito comigo, claro que tenho tentado aprender cada vez mais a enxergar essas outras possibilidades, mas para mim quase nunca elas fazem algum tipo de sentido. Sou metódico para algumas coisas, mas sou extremamente relaxado com outras coisas.

Ao mesmo tempo que gosto das coisas controladas, não me dou bem com coisas que são regradas. A verdade é que gosto do meu próprio controle. Gosto de estar no comando das coisas, mesmo quando elas me estressam. Quando eu completo alguma tarefa que me deixa extremamente irritado, automaticamente sinto alívio e prazer em tudo o que fiz. Mas se for para receber ordem de alguém, certamente você vai me ver fazendo inúmeras caras e bocas, e me tornar uma pessoa extremamente irredutível no que foi pedido. Fazer, eu vou fazer, porque isso é outra marca da minha personalidade – detesto tudo que seja incompleto ou que fico pela metade, mas não quer dizer que vou fazer com sorriso no rosto e amor no coração. Às vezes, eu até faço, mas você não precisa saber disso.

Outra característica muito marcante em minha personalidade é a capacidade de me expressar sem palavras. Não tenho filtro de emoções nas minhas expressões faciais. Se eu não gosto de alguma coisa ou de alguém, isso é facilmente identificável. Nunca fui e nunca nem tentei esconder. Se não gosto, não gosto e não faço questão de esconder. Pode até parecer descaso, mas verdade é cansaço. Não tenho paciência para ficar mostrando para as pessoas sentimentos que não estou sentindo de verdade. Tem gente que gosta de falar na cara, eu já sou do tipo de mostrar na cara.

Sociabilidade. Essa é uma palavra que certamente nunca me definiu. Eu nunca fui do tipo de pessoa que sente prazer em me relacionar com os outros, principalmente quando se trata de estranhos ou de lugares com muitas pessoas. Não gosto de ficar conversando sobre assuntos triviais e nem de ficar dividindo detalhes da minha vida com quem eu não tenha nem um pingo se quer de intimidade e afeição. Esse é um traço da minha personalidade que carrego desde criança. Já lutei por muitos anos para ser diferente, para me tornar uma pessoa mais agradável para os outros. Mas depois de muito tempo, eu simplesmente cansei e deixei isso de lado. Uma curiosidade sobre a minha falta de socialização é que eu nunca soube o nome de nenhuma das crianças que moravam na mesma rua que eu. Na verdade, nunca nem brinquei com eles, se aconteceu algum vez são lembranças tão distantes que nem me lembro. Eu sempre preferi a companhia do meu quarto, dos meus livros e dos meus brinquedos. Eles sempre foram minhas melhores companhias. Tanto que isso era evidente quando o meu pai me colocava de castigo por algum motivo. Ao invés de me deixar trancado em casa, como acontecia com os meus irmãos, a minha punição era justamente ter que ficar na rua até o horário que os meus irmãos quisessem voltar para casa. E acredite, isso era uma tortura gigantesca para mim.

Outro exemplo, é que salvo por quatro ou cinco, eu também não tenho quase nenhuma lembrança dos meus colegas de escola. Me lembro claramente dos professores, da escola em si, das aulas, das matérias, mas não dos meus colegas de classe. Sempre rejeitava o convite para ficar enfiado dentro da casa de alguém, mesmo que fosse para jogar vídeo game ou qualquer outra coisa que não envolvesse rua. E até hoje isso reflete em quem eu sou. Detesto gente enfiada dentro de casa, exceto em ocasiões especiais e que tenham sido previamente planejadas por mim, do contrário já fico com a cara feia. Visita surpresa então, é uma tortura. Me sinto invadido, com minha privacidade incomodada, por esse motivo, eu nunca falava onde eu morava na escola, já para evitar que alguém aparecesse me chamando no portão.

Pensando no lado positivo dessa descrição de quem eu sou, eu posso dizer que eu gosto de liderar, te tomar a frente das coisas – claro que sempre tem um lado negativo, e o meu é que gosto de tomar a frente para não ter que ser mandado por ninguém a fazer algo. Coisas que são inciativas minha me dão prazer e me enchem de determinação. É igual um livro. Se alguém me disser que tal livro é obrigatório, posso garantir a você que eu não vou ler. Eu tenho paixão pelas coisas que eu descubro. Aliás, curiosidade é algo que me move fortemente. Sou apaixonado por descobrir coisas novas e até formas novas de fazer alguma coisa. Quanto cismo com algum assunto ou alguma coisa, trato logo de procurar todas as referências possíveis para ter conhecimento sobre aquilo. Eu, de fato, devoro e me entrego a aquela nova descoberta.

Outro ponto marcante em mim é que sou muito detalhista e perceptivo. Eu enxergo e percebo as coisas com mais facilidade do que as demais pessoas. Minha intuição com tudo está sempre ligada, e me atrevo a dizer que em mais de noventa porcento dos casos ela está certa, mesmo quando eu a coloco em xeque. Foi a partir disso que eu comecei a dar mais valor para os meus sentimentos e o que eles refletiam sobras as coisas e pessoas ao meu redor. Sabe o Homem-Aranha, é dessa forma que funciona, é quase como um sentido-aranha, sempre ligado, e me alertando de tudo o que está acontecendo. Essa intuição, já me salvou de muitas enrascadas e já evitou que eu me envolvesse com pessoas que não tiverem as melhores histórias para contar no final.

Certa vez, eu conheci um rapaz na rua Augusta. Na verdade, nos conhecemos dentro de uma balada, era a inauguração da casa. Fui com o pressentimento de que não poderia ser algo bom, mas fui porque não tinha nada para fazer. Quando cheguei lá fiquei mais de uma hora sozinho na pista de dança, literalmente. Ninguém compareceu a tal festa de inauguração. Quando eu estava indo embora, esse rapaz chegou. Como o local de entrada e saída era o mesmo, ele começou a puxar conversa e me perguntou como estavam as coisas lá dentro. Disse que não estavam nada boas, nem a música e revelei que éramos os únicos na balada. Ele ficou incrédulo. Me pediu para entrar com ele, e começamos a conversar, pegamos umas bebidas, já que a entrada era com consumação. Passado algumas horas, ou minutos mesmo, decidimos andar pela Paulista.

Durante a nossa conversa e com o rosto mais iluminado pela luz da rua, tive a impressão de já tê-lo conhecido em algum lugar. Ele me disse que era bem provável, pois ele era muito conhecido em São Paulo Inclusive esse foi o motivo para ele comparecer a péssima balada que estávamos – ele era amigo de um dos sócios do local. Ao passarmos por uma banca de jornal, ele apontou na direção de uma revista da Veja, e lá estava ele – estampado como um dos maiores empresários na cena noturna de São Paulo. Achei engraçado, mas nunca fui do tipo que me encanto com essas coisas de fama, gosto do meu próprio brilho e não o dos outros. Ficamos conversando até umas três ou quatro horas da manhã. No final, percebi que não tinha muito para onde ir, pois o metrô e os ônibus só voltariam a circular às cinco – nessa época não existia a praticidade do Uber e nem a segurança de se andar com um celular no meio do Centro de São Paulo.

Ele me convidou para ir até a casa dele para continuarmos conversando. Fomos. De fato, foi uma noite bem agradável, conversamos sobre diversos assuntos, matei minha curiosidade sobre diversos famosos e ainda acabei a noite acompanhado. Tinha apenas um detalhe que me deixou com a pulga atrás da orelha – em um determinado momento ele começou a usar cocaína. Nunca fui de usar drogas e nunca me incomodei com quem utiliza, desde que não faça nenhum mal para a minha pessoa. Afinal de contas, cada um é cada um. Ele me ofereceu e eu recusei. Isso não atrapalhou em nada a nossa noite. Ela continuou sendo bem agradável.

Na manhã seguinte quando eu acordei, ele foi ao mercado comprar café da manhã e me convidou para ficar mais tempo com ele. Meu bom senso sempre disse que quando ficamos enfiado na casa de alguém deixamos de ser uma visita agradável para uma visita incomoda, por isso optei por ir embora. Ele pediu para me deixar no ponto de ônibus, eu aceitei. No caminho do ponto trombamos com um homem estranho, mas que conhecia ele de alguma forma, pois eles se olharam, mas com um jeito meio estranho. Não demorou muito e ele me mandou mensagem dizendo que já estava com saudades. Encurtando, saímos mais algumas vezes por alguns meses e cheguei até a conhecer outras pessoas do meio dele, como modelos, fotógrafos, cantores e outros empresários de São Paulo. Ele me apresentava como namorado, eu sempre dava risada. Estava aproveitando o momento. Uma noite, por algum motivo, eu tive uma sensação estranha ao ficar perto dele. Algo me deixou extremamente incomodado – não entendia o que era. Mas confiei no meu instinto e disse para ele que não seria mais legal nos encontrarmos. Disse que aquele não era o meu mundo, que gostava das coisas mais simples. Ele ficou chateado, mas entendeu. Nos falamos mais algumas vezes até que as conversas terminaram. Mandei algumas mensagens e não tive resposta, logo percebi, ele tinha me bloqueado das redes sociais.

Passado alguns dias, eu acordei com algo me chamando para assistir ao jornal da tarde. Arranjei um jeito de dar uma pausa no trabalho para assistir ao SPTV. Quando ligo a televisão, a primeira notícia que aparece é a de que "famoso empresário paulista é encontrado morto a facadas dentro do apartamento após os vizinhos reclamarem de forte cheiro". Era exatamente essa a manchete noticiada pela Globo. Quando foi noticiado o nome dele e o apelido pelo qual a grande maioria o chamava, eu fiquei sem saber como reagir. O crime tinha sido cometido por uma dívida de droga e o rapaz preso era justamente aquele que havíamos trombado no caminho do ponto de ônibus. Umas duas semanas antes, ele tinha dito que queria me conhecer mais, talvez até namorar. Ou seja, o meu corpo poderia estar envolvido nessa cena de crime também. O crime aconteceu em 2017, ele aparece em uma lista de personalidades LGBT famosas que morreram naquele ano. Minha intuição foi soberana, mais uma vez.

Egoísmo também é algo sempre presente em minhas atitudes. Não são muito fã de compartilhar as minhas coisas e gosto de mantê-las sempre do jeito que eu deixei. Esse egoísmo é sempre acompanhado por zelo, ou seja, eu gosto que as coisas durem e para isso é fundamental mantê-las longe das mãos dos outros. Quer me ver bravo, é mexer nas minhas coisas sem me pedir, ou mudar alguma coisa de lugar. Se quebrar, rasgar ou causar qualquer tipo de dano, você com certeza vai me ver bufando por aí. E nem adianta pedir desculpas, porque isso não vai consertar aquilo que você quebrou, então nem tente.

Sou materialista por natureza. Desde criança objetos que estavam ao meu redor eram os meus melhores companheiros, por esse motivo, cuidava deles com a maior paixão do mundo. Eram como se fossem os meus tesouros. Os tempos mudaram, mas esse meu jeito não. Ainda continuo sendo assim. Sem compro alguma coisa, quero que ela dure para sempre, ou no máximo de tempo possível. Não consigo enxergar nada como descartável, basta que você cuide muito bem que nada poderá estragá-lo. Eu avisei que era chato. Chato e metódico – por isso, não se sinta surpreso.

Um traço que muitas pessoas não percebem em mim, e que eu não faço muita questão de demonstrar, é que eu sempre gosto de ajudar as pessoas de alguma forma. Se tem um problema, eu gosto de encontrar a solução para àquilo. Nem sempre é por boa ação que eu faço, mas para mostrar que é possível fazer se você tivesse se esforçado um pouco mais. Sou sim, bem mesquinho. Não gosto de quem não toma iniciativa nas coisas e pessoas que preferem perder tempo sugando conhecimento dos outros do que procurando a informação por ela mesma, principalmente se é algo que eu já disse mais de uma única vez. Não é pessoal, eu sou assim com todo mundo, até comigo mesmo. Fico bravo quando começo a ler ou pesquisar alguma coisa que já tinha visto e até criado um dossiê inteiro sobre aquilo.

Dizem que sou muito inteligente e bem da verdade, sou mesmo. Me considero uma pessoa extremamente inteligente e com conhecimento acima da média. Sou capaz de conversar sobre diversos assuntos, mesmo aqueles que de fato eu não tenha qualquer interesse. Sempre vou ter uma opinião sobre algo, seja positiva ou negativa. Isso veio do meu pai. Ele sempre me incentivou a saber um pouco sobretudo, sempre disse que isso era muito importante, porque as pessoas que se dizem mestres em um determinado assunto são alienadas, porque não conseguem ter visão das coisas e nunca são capazes de se adaptar as mudanças ao seu redor.

Por falar, em mudanças, eu me considero uma pessoa extremamente adaptável. Gosto de mudanças, até certo ponto, principalmente aquelas que são iniciadas por mim. Gosto de conhecer lugares novos, novas tecnologias, mas não gosto de conhecer novas pessoas. Tenho desconfiança de todas elas, mesmo quando já fazem parte da minha vida por anos. Acabo ficando com a impressão de que, cedo ou tarde, elas vão acabar criando alguma forma de me decepcionar. Nem sempre estou certo em relação a isso, e muitas vezes as pessoas que eu menos vou com a cara são as que no final acabo sempre me identificando mais. Minhas melhores amizades começarem assim, olhares de morte que se tornaram amor.

Acredito que esse seja eu, sinteticamente falando. Talvez eu de fato seja tudo isso, ou no final eu não seja nada disso. Mas a verdade é que quem nesse mundo poderá dizer se é verdade ou não. A complexidade do ser humano é muito grande para poder ser destrinchada por outro ser humano.

Esta obra foi composta por Felipe Bezerra Lopes em fonte Times New Roman e impressa em papel Offset 75g para o miolo e papel triplex fosco 280g para a capa Amazon Serviços de Varejo do Brasil Ltda. em janeiro de 2021.

www.ingramcontent.com/pod-product-compliance
Ingram Content Group UK Ltd.
Pitfield, Milton Keynes, MK11 3LW, UK
UKHW022016190726
13853UKWH00005B/1960

9 786500 197273